世界名人非常之路

萨　特

无神论存在主义的代表

邢建华◎编著

中国社会出版社

国家一级出版社·全国百佳图书出版单位

"世界名人非常之路" 编委会

主　　任：刘明山

编　　委：
周红英	王汉卿	高立来	李正蕊	刘亚伟	张雪娇
方士娟	刘亚超	张鑫蕊	李　勇	唐　容	蒲永平
冯化太	李　奎	李广阔	张兰芳	高永立	潘玉峰
王晓蕾	李丽红	邢建华	何水明	田成章	李正平
刘干才	熊　伟	余海文	张德荣	付思明	杨永金
向平才	赵喜臣	张广伟	袁占才	许兴胜	许　杰
谢登华	衡孝芬	李建学	贺欣欣	刘玉磊	王莲凤
刘振宇	张自粉	苗晋平	卓德兴	徐文平	王翠玉
刘春青	谭永军	马超群	马　成	赖春红	张世君
周筱筱	苗　婕				

写在前面的话

著名学者培根说："用伟大人物的事迹激励我们每个人，远胜于一切教育。"

的确，崇拜伟人、模仿英雄是每个人的天性，人们天生就是伟人的追星族。我们每个人在追星的过程中，带着崇敬与激情沿着伟人的成长轨迹，陶冶心灵，胸中便会油然升腾起一股发自心底的潜力，一股奋起追求的冲动，去寻找人生的标杆。那种潜移默化的无形力量，会激励我们向往崇高的人生境界，获得人生的成功。

浩浩历史千百载，滚滚红尘万古名。在我们人类历史发展的进程中，涌现出了许多可歌可泣、光芒万丈的人间精英。他们用挥毫的笔、超人的智慧、卓越的才能书写着世界历史，描绘着美好的未来，不断创造着人类历史的崭新篇章，不断推动着人类文明的进步和发展，为我们留下了许多宝贵的精神财富和物质财富。

这些伟大的人物，是人间的英杰，是我们人类的骄傲和自豪。我们不能忘记他们在那历史巅峰发出的洪亮的声音，应该让他们永垂青史，英名长存，永远纪念他们的丰功伟绩，永远作为我们的楷模，以使我们未来的时代拥有更多的出类拔萃者，以便开创和编织更加绚丽多姿的人间美景。

我们在追寻伟人的成长历程中会发现，虽然每一位人物的成长背景各不相同，但他们在一生中所表现出的辛勤奋斗和顽强拼搏精神，则是殊途同归的。这正如爱默生所说："伟大人物最明显的标志，就是他们拥有坚强的意志，不管环境怎样变化，他们的初衷与希望永远不会有丝毫的改变，他们永远会克服一切障碍，达到他们期望的目的。"同时，爱默生又说："所有伟大人物都是从艰苦中脱颖而出的。"

伟大人物的成长也具有其平凡性，关键是他们在做好思想准备进行人生不懈追求的过程中，从日常司空见惯的普通小事上，迸发出了生命的火花，化渺小为伟大，化平凡为神奇，

写在前面的话

获得灵感和启发，从而获得伟大的精神力量，去争取伟大成功的。这恰恰是我们每个人都要学习的地方。

正如学者吉田兼好所说："天下所有的伟大人物，起初都很幼稚而有严重的缺点，但他们遵守规则，重视规律，不自以为是，因此才成为一代名家，成为人们崇敬的偶像。"

为此，我们特别推出"世界名人非常之路"丛书，精选荟萃了古今中外各行各业具有代表性的名人，其中包括政治领袖、将帅英雄、思想大家、科学巨子、文坛泰斗、艺术巨匠、体坛健儿、企业精英、探险英雄、平凡伟人等，主要以他们的成长历程和人生发展为线索，尽量避免冗长的说教性叙述，而采用日常生活中富于启发性的小故事来传达他们成功的道理，尤其着重表现他们所处时代的生活特征和他们建功立业的艰难过程，以便使读者产生思想共鸣和受到启迪。

为了让读者很好地把握和学习这些名人，我们还增设了人物简介、经典故事、年谱和名言等相关内容，使本套丛书更具可读性、指向性和知识性。

为了更加形象地表现名人的发展历程，我们还根据人物的成长线索，适当配图，使之图文并茂，形式新颖，设计精美，非常适合读者阅读和收藏。

我们在编撰本套丛书时，为了体现内容的系统性和资料的翔实性，参考和借鉴了国内外的大量资料和许多版本，在此向所有辛勤付出的人们表示衷心谢意。但仍难免出现挂一漏万或错误疏忽，恳请读者批评指正，以利于我们修正。我们相信广大读者通过阅读这些世界名人的成长与成功故事，领略他们的人生追求与思想力量，一定会受到多方面的启迪和教益，进而更好地把握自我成长的关键，直至开创自己的成功人生！

人 物 简 介

◈ 名人简介 ◈

让·保罗·萨特（Jean Paul Sartre，1905～1980），法国作家、哲学家、社会活动专家。1905 年 6 月 21 日出生于巴黎一个海军军官家庭。他幼年丧父，继父希望他能够当上工程师，但他从小的愿望就是从事人文科学研究。

1924 年考入巴黎高等师范学院攻读哲学。1929 年，获大中学校哲学教师资格，随后在中学任教。以后，陆续发表他的第一批哲学著作：《论想象》《论自我的超验性》《情绪理论初探》《胡塞尔现象学的一个基本概念：意向性》等。

1941 年发表代表作、哲学巨著《存在与虚无》，受到人们的欢迎，被称作"反对附敌的哲学宣言"。1943 年秋，《存在与虚无》出版，奠定了萨特无神论存在主义哲学体系。

萨特反对苏联式的社会主义，但支持中国的社会主义，1955 年，萨特和其同学、情人兼终身伴侣、作家西蒙娜·德·波伏娃访问中国。他在《人民日报》发表文章，赞扬中国的"我为人人，人人为我"的精神是一种"深刻的人道主义"。

1964 年，瑞典文学院决定授予萨特诺贝尔文学奖，被萨特谢绝，理由是他不接受一切官方给予的荣誉。

1980 年 4 月 15 日，萨特在巴黎逝世。

✿ 成就与贡献 ✿

　　萨特是法国战后存在主义哲学思想的代表人物。主要哲学著作有《想象》《存在与虚无》《存在主义是一种人道主义》《辩证理性批判》和《方法论若干问题》。这些著作已成为 20 世纪资产阶级哲学思想发展变化的重要思想资料。

　　萨特把深刻的哲理带进了小说和戏剧创作，他的中篇小说《恶心》、短篇集《墙》、长篇小说《自由之路》，早已被承认为法国当代文学名著。他的戏剧创作成就高于小说，一生创作 9 个剧本，其中《苍蝇》《间隔》等，在法国当代戏剧中占有重要地位。

✿ 地位与影响 ✿

　　自 20 世纪 40 年代，萨特既在战场上，也在文坛上参与反法西斯运动；20 世纪 50 年代，萨特是西方社会主义最积极的鼓吹者之一；20 世纪 60 年代，萨特和他的终身女友西蒙娜·德·波伏娃的身影出现在世界各地最敏感的前线上。

　　萨特的作品都是 20 世纪哲学和文学领域中出色的经典。法国哲学教授让·吕克·南希在《世界报》上著文说："萨特是个古往今来从未出现过的两面神：没有一个哲学家像他那样在文学海洋中游弋，也没有一个文学家像他那样大举进行哲学操练；我们无法理解，逻辑思辨和形象推演，这两种完全不同的思维方式竟然在同一支羽毛笔下毫无妨碍地非常清晰地表现出来。"

萨　特

童年的岁月

人类之所以没有堕落下去陷于野蛮而与猪狗为伍，只因为有一个又一个这样的圣徒在黑暗中顽强地与使人类堕落的恶魔作战。

——萨特

缺少父爱的童年

1905 年 6 月 21 日夜，法国巴黎。

夏日的晚风轻轻地吹拂着树尖，蝉儿也停息了鸣叫，静静地卧在枝间。星星不时眨着眼睛，向西斜的弯月告别，世间的一切都在等待着新的黎明的到来，似乎也在等待着一个新生命的诞生。

这一年，恰巧又是世界资本主义体系新危机的开端，资本主义经历了自 1789 年法国伟大革命之后的一个多世纪，已经膨胀成为畸形的庞然大物：帝国主义产生了。

这一年，在东方，持续两年的日俄战争刚刚以日本的胜利而告终，俄国的反对沙皇的民主革命就打响了推翻沙皇统治的第一炮。

而在法国国内，第三共和国同样面临着严重的考验。

黎明不可阻挡地到来了。在离布劳理森林不远的 16 区的米涅阿德街 2 号的一套公寓里，灯光一夜未熄，人们焦急地在外屋等待着，并不时地走到卧室门口打探消息。

突然，从卧室里传出婴儿并不响亮的啼哭声，有经验的人都能听出，这是一个刚刚来到人世的生命发出的向世界报到的啼鸣。果然，一个瘦弱的男婴在那所房间里呱呱坠地。

但是，当年轻的母亲安娜·玛丽从疲惫中缓过神来，凝视着爱子时，先不由自主地绽开笑颜，随即禁不住潸然泪下。因为他的父亲让·巴蒂斯特·萨特已经显而易见地将不久于人世，这个孩子的出生所带来的虽然有喜悦，但更多的是悲怆。

母亲征求丈夫的意见之后，为这个苦命的孩子取名让·保罗·萨特。

小萨特的父亲巴蒂斯特原是法国西南部佩里戈尔地区迪维叶镇一位乡村医生的长子。有一对炯炯发光然而淳朴老实的眼睛，圆圆的头顶光秃秃的，嘴边长着两撇胡子，他喜欢航海，一心想投考海军军官学校，巡视和欣赏那无边无际的大海。

后来，巴蒂斯特果真当上了海军军官。1904年，这位青年军官在诺曼底半岛北端的军港瑟堡认识了来自东部阿尔萨斯地区的安娜·玛丽，于是他们很快就结婚了。

但是，巴蒂斯特不久就在印度的时候患上了肠热病，高烧时断时续，只好转业回国。

小萨特刚刚几个月时，巴蒂斯特的病情越来越严重，一家三口不得不搬到佩里戈尔祖父家附近的一个农场里，以便让作为医生的祖父能照料儿子。

安娜因为日夜不眠地看护两个病重的亲人，终于被弄得精疲力竭，奶水也已经干了，更可怕的是：小萨特也患了肠炎，来到人间后不久，就与他的父亲一起日渐消瘦下去，父子俩都似乎已经走到了生命的边缘。

小萨特的祖父每天坐马车从小镇来看望儿子。看到一直让他骄傲的长子和刚出世的孙子奄奄一息，禁不住老泪纵横。

万般无奈之下，可怜的小萨特不到9个月就被强行断奶，并被寄放到一个农民家里，在农民不太精心的照料下，小萨特的病情也时好时坏。

而与此同时，父亲巴蒂斯特的肠热病却进一步恶化，大家心中都听到了上帝的丧钟已经敲响。

此时最心急如焚的，是年仅20岁的安娜·玛丽，她在两个半死不活却是至亲的人之间疲于奔命，精神也几乎到了濒临崩溃的边缘。

感谢上帝，新生命的抵抗力是顽强的，小萨特的肠炎在不知不觉中，竟然奇迹般地痊愈了。

一家人都欣喜若狂，希望小萨特康复这种"奇迹"会给他的父亲带来好运，巴蒂斯特在儿子的鼓励下，也似乎坚强了许多。安娜虽然依旧奔忙，可心里光明了许多。

但到了1906年9月，巴蒂斯特病情突然恶化，9月17日，他僵卧在妻子绝望的双臂中，双眼留恋地看了仅仅15个月大的爱子一眼，溘然逝去。

由于父亲去世时，小萨特还不记事，父亲的病逝没有给小萨特幼小的心灵留下过多的创伤。

但是，年轻的安娜却陷入了人生的最低谷。回顾过去，她伤心欲绝；展望未来，她手足无措：一个身无分文又没有工作的年轻寡妇带着一个嗷嗷待哺的孩子，这日子可怎么过啊？

安娜左思右想，最终发现她只有一条路可走：投奔娘家。与萨特父亲的家人告别后，安娜一手抱着儿子，一手拎着再简单不过的行李，回到了她从小生长的地方。

安娜的娘家在巴黎西部地区。她的父亲夏尔·施韦泽是名德语教师，人们给他起了个外号叫"卡尔"。从这个外号就知道，卡尔出生于法德边界的阿尔萨斯，在这一地区有很多男人的名字叫"卡尔"。因此，他对于法、德两种语言都同样精通。

夏尔的父亲本来也是老师，但由于子女多，负担重，后来放下教鞭从商，成了食品杂货店的店主。因为自己放弃了净化心灵的工作，所以为了补偿，他要求他的儿子中一定要有一个去当牧师，于是选中了夏尔。

但夏尔并不愿意，于是偷偷跑出了家门，他宁愿去当骑士而在马背上到处游荡。家里人从此把他的相片倒挂在墙上，不准再提到他的名字。另外两个兄弟呢，奥古斯特急忙学父亲进入了商界；而父亲就认准了沉默寡言的路易，让他成为了牧师。

真是造化弄人，后来夏尔终于还是做了一辈子老师。

当时安娜带着小萨特回到父母家时，年过花甲的夏尔正在申请退休，他看着青年丧夫的小女儿带着襁褓中的外孙投奔而来，孤苦无援地站在自己面前时，他默默地撤回了申请，重新执起教鞭。

安娜的母亲名叫路易丝·吉耶曼，这位胖乎乎、满头银发的妇人谈吐诙谐活泼，为人却有些急躁、狡黠，素来自诩为"女性中的强者"。

安娜不但淳朴、老实、温顺，而且颇有自知之明，尽管父母都友善而不失热情地接纳了她，两个哥哥也待她彬彬有礼，但她仍然敏感地意识到了一种暗地的责备：她的回家实在有些像遭到遗弃。

况且，一般家庭还能接纳年轻的寡妇，却不欢迎已做了母亲的女儿，因为这意味着一种沉重而且长期的经济负担。

安娜为了取得家人的宽恕，也为了补偿给大家带来的麻烦，她不遗余力地奉献自己。每天，她勤勤恳恳、一丝不苟地操持家务，打扫房子、上市场买东西、做饭、洗衣服，样样都做。实际上，她已经成了家里的女佣人。

然而，勤快并不能化解一切，没有人能设身处地去体谅安娜活得有多累。首先，一直以家庭主妇自居的母亲路易丝就让她难于应付：路易丝既想在众人面前显示自己作为一家之主的不可或缺；另一方面又要在女儿面前显示她的威风，对每日的菜单安排、清理账目事必躬亲。

因此，可怜的安娜左也不行，右也不行：如果被动消极的话，就会被说成是一个累赘；如果主动肯干的话，又会被怀疑为企图操纵家政大权。

为了避免第一个罪名，安娜需要鼓起勇气；而要避免第二个罪名，她需要保持谦逊。她的衣服、裙子磨破了，母亲从来没想到要给她换新的。

此外，夏尔对安娜仍然像未出嫁前那样，进行严格的家教管制，甚至更难变通。每当安娜有一点儿空闲的机会，如以前的好友邀请她吃顿晚饭，她必须事先请假，并保证要在晚上 22 时以前回家。因为她知道，还不到 22 时，父亲就已经拿着怀表在房间里踱来踱去地等着她回去训话了。而当 22 时的钟声敲响而安娜还未返家时，他便开始大发雷霆。

这样一来，每当安娜被邀请外出吃饭时，她自己往往玩不尽兴，而且总是提心吊胆的；而知道内情的主人也总要在 22 时以前赶她回家。不久，温顺的安娜便不得不放弃了这种娱乐的机会，因为在她看来，这是一种代价过于昂贵的享受。

在外祖父家，小萨特跟母亲在一个房间里，他每天早上醒来时，母亲就已经穿好衣服在忙碌。而等他醒来，就乖乖地让母亲滴鼻药水，为他穿袜子，为他洗脸刷牙，穿上衣服。晚上再让母亲为他脱衣睡觉，一直被母亲精心呵护着。

深受外祖父的宠爱

1906 年冬，一岁零几个月的小萨特跟随母亲来到了外祖父家。

事情都有两面性，如果说父亲的死使安娜重新被套上痛苦的锁链的话，那么对小萨特来说则恰恰相反，从小在记忆中就没有生父，使萨特从不知道什么叫作服从，使他"享受到没有父权压迫的、充分的自由的生活"，给了他一个与众不同、得天独厚的童年时代。

不过，在他的童年生涯中，实际上还是存在着一个试图对他实施管教的长辈，这个人就是外祖父夏尔·施韦泽。

夏尔是一位名副其实的美男子。他身材魁梧，一脸络腮胡须和一头银灰头发令他风度翩翩，气度非凡。他总是戴一顶气派的巴拿马礼帽，在各种条格纹的法兰绒上装上罩一件凸纹布的背心。而背心的开襟处总横着一根亮闪闪的表链，一副夹鼻眼镜让你感到他的学问深不可测。

夏尔为人严厉、自命不凡，有时甚至近于残酷无情，他常常自称为"维克多·雨果般的人物"。

有这样一件事是让夏尔引以为自豪并津津乐道的：

一天，夏尔走进他常去的那所教堂，正在传教的神父为了吓唬那些早已听得分神的听众，急中生智，指着夏尔用雷霆般的嗓音吼道："上帝在此，他在看着你们！"

信徒们于震惊中顺着神父手指的方向看去，果然看见教座下多了一位高个子的老人，那金黄色的胡子，令他的下巴四周像是有一轮光环。他神态威严地扫视着众人……

心惊胆战的信徒们立即逃之夭夭。后来人们甚至在私下里议论说："他是圣父下凡。"

对于自己外表的迷恋，还使夏尔形成了热衷照相的嗜好。而且他能在快门按下的那一瞬间使自己神采奕奕，这一嗜好使家中整个客厅里都摆满了他多彩多姿的相片。

夏尔对照相的迷恋非同一般，久而久之，他已经把这门艺术融进了日常生活中的每一瞬间，任何时候他都可能中止他正在进行着的动作，摆出一个漂亮的姿势。他陶醉于这些永恒中的暂停，这时他仿佛成了他自己的塑像。

夏尔不仅仪表非凡，而且一生颇有成就。他曾以一篇关于中世纪诗人波斯·萨赫的论文而获得哲学博士。在选择了教授德文的职业后，他辛苦工作，发奋进取，终于成为直接语言教学法的发明者。他先后在马康、里昂和巴黎教过德语，在巴黎，他参加过一次演讲并获了奖。他同他的朋友西蒙诺合著《德语读本》，大受公众赞赏。

除了富有语言天赋，夏尔在文学方面的造诣也非同一般。他常常能在盛大的场面上，用德、法两种语言即兴赋诗。

夏尔有两个儿子和两个女儿，大女儿早夭；大儿子乔治后来当上了高等技术员，小儿子埃米尔后来当上了德语老师。安娜是他最小的女儿。

尽管夏尔很有理由自命不凡，他的儿女们，尤其是两个儿子却对他不以为然，他们之间从来没有很好的沟通。因为在子女面前，夏尔总是不苟言笑、板着一副威严的面孔，他甚至以辱骂他的两个儿子为乐事。因此儿女们都尽量离他远远的。

两个儿子从小就不喜欢他们的父亲，而只尊敬他们的母亲。一旦父母发生争吵，两个儿子也无一例外地站在母亲这边。当长大独立以后，他们常常悄悄地回家探望母亲。开始时大家其乐融融，相聚甚欢；当谈到父亲时，他们便换成了一种讥讽、冷淡的口吻；而每当夏尔回家时，他们便会立刻出门，扬长而去。

但自从小萨特到来之后，严厉得可怕的夏尔却仿佛换了一个人似的。现在，他常常面露微笑，并常常幽默诙谐地与别人打趣。每天上班前，他总要走到萨特跟前，伸出他温暖的手掌，轻轻地抚摸着萨特的小脑袋。

这时，萨特会停下正在玩的游戏，抬起头来，清脆、婉转地喊一声："外公！"

夏尔变得更加慈爱，更让人不可思议的是：他那素来严峻的眼睛里，竟然还闪烁着晶莹的泪光！他发颤的声音中透露出无比的温柔："哎，我的小乖乖！"

不久，所有的人都发现了夏尔这个奇特的变化，他们惊叫道："哦，这个小淘气鬼使他的外公变痴了！"

每到黄昏，人们常常可以看见祖孙俩一同出现在卢森堡公园里。落日余晖下，小萨特在绿茵茵的草坪上东奔西跑，时而发出稚气的笑声，时而不知所云地自言自语。

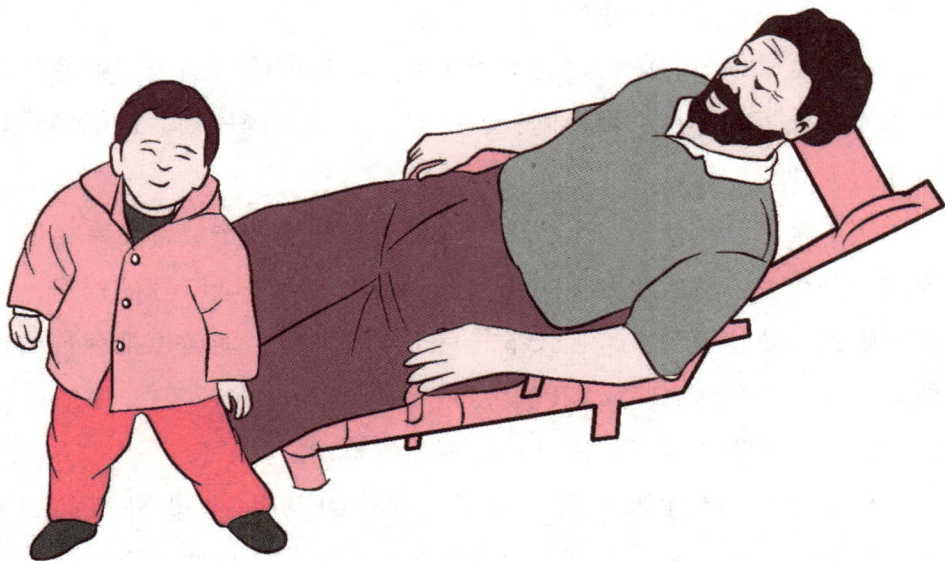

夏尔则坐在一把折叠式帆布躺椅上，旁边放着一杯啤酒，久久地一动不动地端详着外孙，以羡慕的心情看着小萨特跑来跑去、跳跳蹦蹦。

一岁多的萨特已经口齿伶俐。他幼稚的话语常被外公视为神圣的"预言"。而当萨特在不经意间学着成年人说话，突然吐出他并不解其意的语言时，平时严肃、沉闷的家里立刻溢满了轻松、愉快的笑声。

此时，夏尔总是含笑不语，满意地享受着眼前的一切。

谁都能看出来，是萨特的天真、可爱和聪明，一次又一次地感动了外祖父那早已沉默的灵魂，使之不时闪烁出灼目的光芒。

人们在私下里议论着："夏尔越活越年轻了！"

每天，当讲完课的夏尔用小步舞大师的步伐走出地铁车站时，母亲和萨特一眼就认出了他那高大的身躯。不管隔着多远的距离，一看到萨特母子，外祖父会立即来一个"亮相"动作，好像有一个无形的摄影师给他下了一道命令似的：上身挺得笔直，双腿成直角蹲立，双手张开，长长的胡子随风飘拂。

看到这个信号，萨特也立即静止不动，身体略微前倾，就像一只即将飞出笼子的小鸟。祖孙俩就这样面对面地相持片刻，这幅场景足以让行人驻足侧目。

接下来，萨特怀抱一个装满了水果和鲜花的篮子，带着幸福的笑容向外公奔去，然后跳到他的膝盖上，做出一副气喘吁吁的样子，而夏尔则把小萨特抱起来，朝天举起直至双臂伸直，随后再把萨特放在他的胸前，动情地高呼："我的宝贝！"

行人无不为这洋溢着祖孙情的画面所感动。

除了照相，夏尔如今又热衷于一项新的发明——做外祖父的艺术，并把这两种艺术无懈可击地联系在了一起。他总在下意识地希望生活中不时发生剧情的突变。

而聪颖的小萨特并不太需要母亲或外祖母的导演，总是像一位演技精湛的演员一样，能运用自如地把握外祖父的情绪和时机，从而使夏尔毫不费力地便沉醉于自己做外祖父的艺术享受之中。

为了迎合夏尔对戏剧性突变的嗜好，外祖母和母亲还常常拿萨特作为道具兼演员，导演出让夏尔大吃一惊的场面。

最常见的一种是把萨特藏在大衣橱后面，然后其他人都悄悄退出房间。同样乐衷于此道的小萨特总是积极地配合：他屏住气，一动不动地耐心等待幕布的开启。

不一会儿，夏尔从外面回来了，走进看似无人的房间。他神情疲乏、郁郁寡欢……

突然，一个有着一张圆圆的、红润的脸蛋的小孩从天而降，而他那做成一个个小圆圈的金黄头发又使他像一个可爱的小女孩，真是天使下凡！

夏尔的面孔顷刻间熠熠闪光，他一把将萨特高举过头，并发出朗声大笑……

小萨特与他所扮演的角色配合得如此默契，以致人人都知道他是夏尔·施韦泽最有名的乖外孙、大家最宠爱的小孩。他总是顺从地让大人给他穿鞋、换衣、擦脸，打扮得整整齐齐，吃饭时他乖乖地吃得很香；睡前听话地让人往鼻孔内滴药水。他从来不哭，在不该吵闹的时候便保持安静。

每当大人们带小萨特去教堂做弥撒时，他跪在祈祷椅上，注视着前方，身子一动也不动，甚至连眼睛都很少眨一下，比大人还要庄严肃穆。人们无不为夏尔有个如此出众的乖外孙而啧啧称赞。

小萨特还是维持家庭和睦不可或缺的调解人。

每当外公和外婆有所争执，小萨特总会成功地进行调解。争吵的尾声往往是外婆被外公揭了短，这时，她忍无可忍地站起身，走进自己的房间，然后闭门不出。而外公并不以为然，耸耸肩，这位不可一世的"雨果"先生回到他的书房去了。

此时最忧虑不安的是安娜，可是她的地位太卑微了，简直没有说话的权利。最后，安娜只有叫善解人意、伶牙俐齿的萨特去劝慰外婆。

小萨特偎在外婆怀里，用幼稚的话语诉说外公的种种长处，而从母亲那儿学来的"卡尔妈咪"的叫法则使生性浪漫的路易丝觉得自己和丈夫实在称得上恩爱夫妻的典范。

于是，转眼之间，大家又可以听到路易丝在高声叫着："卡尔，卡尔……"

夏尔对他的几个儿子缺乏热情，却对萨特宠爱有加。所有来家的客人都要温柔地抚摸萨特，并对他的种种优点大加赞扬。这一方面是因为萨特本身的乖巧可爱；另一方面也是为了讨好那不可一世的卡尔。

所有这一切，使萨特在家中的地位甚至高于外婆和母亲。如果萨特偶尔吃到光面包时，夏尔便会亲自去厨房拿来果酱，并用大声的斥责使两个吓坏了的女人从此再不敢粗心大意。

尽管夏尔是家中说一不二的家主，但萨特是在他那漫长的生命旅程的终点才出现的，父权早已不再使他感兴趣了，他更希望能作为一个慈爱的、使人称奇的老人而了其残生。因此夏尔分派给了萨特一个被娇宠的神童的角色，把萨特视为命运赐予他的一件特殊礼物。

在外公的庇护下所获得的这种充满了溺爱和赞美的生活，使小萨特首先是从欢笑中来认识现实的。从来没有任何一个人将个人意志强加于他，只需随心所欲地顺其自然就会得到一片称赞之声。

因此，在小萨特眼中，世界如此美好，人与人的关系如此融洽，以致他根本不知暴力和仇恨为何物。由于是家中唯一的宠儿，他也从未尝过嫉妒的滋味，至于其他的种种邪念与罪恶的想法，更无法在萨特那幼小的心灵上生根、发芽。

在夏尔的呵护和溺爱中，小萨特度过了一个与任何心理创伤、感情冲突绝缘的美好童年。

与书结下不解之缘

小萨特在外公家被所有人宠爱，但他并不是只知道玩耍。因为从童年开始，书就成为了萨特生活中最主要的内容。

夏尔虽然对小萨特非常溺爱，但并没有忘记引导他学习文化，增加知识。他经常把小萨特抱在膝上，给他讲述各种故事。

他经常是以这样来开始："保罗，你要听什么呢？神话是不是？"接着，就讲起各种迷人的神话，把小萨特一下子带进了那虚无缥缈的天国。

在外公构建的神话天国里，小小的萨特看到了善与恶、美与丑的斗争，看到了人间所缺乏的美德、自由和真正的爱情。

夏尔也沉迷于这种场景中，同对老年的忧虑作着斗争。他羡慕外孙是大自然的珍贵恩赐，借此来规劝自己：一切都是善的，就连我们的可悲的结局也是善的。

夏尔还经常带着小萨特外出散步，看看森林、湖泊、鸟儿和花草。他还对小萨特讲起他与哲学家柏格森同游日内瓦湖的情景："我那时着了迷，我目不暇接地欣赏着碧波荡漾、湖光粼粼的景色。但柏格森却坐在一个行李上，不停地低着头看他的两只脚间的空地。"

夏尔有一间很大的书房，里面四面墙壁整整齐齐陈放着书架，上面密密麻麻地排列着的全是书。除了一年一次的大清扫外，夏尔从不准其他人随意出入。

刚刚探索新世界的小萨特还不懂得书本和文字到底是何物，但在他小小的心灵里，出于全家人对外公的敬畏，便对那些像砖块一样紧紧地挤在书架上的书有一种与生俱来的敬意。

他天真地认为：只是因为有了这些"砖块"，家里才会如此繁荣和睦。而每当外公打开书房进来工作时，他便悄悄地跟在后面，在这个小小的圣殿内，他常常可以一声不响，自得其乐地待上好几个小时。

小萨特每当站在厚厚的书墙之间，心中立刻充满了无比的敬意。他忍不住踮起脚，偷偷地抚摸它们，故意让自己的小手沾上那些"圣物"的灰尘。他看着手上的细末，不时产生这样的念头：这些形状彼此相似的"砖块"是从什么时候开始存在的呢？它们会像人一样地死去吗？

萨特想不明白，却也不敢惊动外公。在书房里伏案工作的夏尔比平时更让萨特崇拜不已。他常常躲在书架后，久久地盯着外公的一举一动：他总是在奋笔疾书；忽然，他停下笔，站起身来，一副心不在焉的样子，开始围着他的书桌转圈了。

一圈、两圈……突然，他大踏步地走向某一排书架。天啊，他看都不用看就毫不犹豫地取下一本书，然后飞快地转身，一边翻动着书页，一边走回他的座椅上。刚刚坐下，他就一下子翻到了"所需要的那一页"，同时发出"唰"的一声。

同样的过程萨特百看不厌，他实在是百思不得其解：外公平时那么笨手笨脚，连手套上的纽扣都要妈妈帮他扣上，为什么他摆弄起这些"砖块"来会如此灵活自如呢？

最让小萨特崇拜得五体投地的是外公拥有自己写的书，他每年都要为他所写的《德语读本》重写新版本，小萨特看着外公拿回的新书，心里想：这是多么值得骄傲的事！

每到暑假，小萨特会和全家人一起心急如焚地等待着邮差送来一个鼓鼓囊囊的大包裹——新版本的校样。

当包裹寄到时，夏尔会迫不及待地把绳子剪断，把校样平摊在餐桌上，手持一支红笔仔细查看。每发现一个印刷错误，他都会用力划去，小心翼翼地加以改正，并咬牙切齿地诅咒出版商一通。

这时，萨特站在桌旁的一把椅子上，惊奇而又羡慕地注视着那一行行黑色文字和外公画出的道道红杠。此时在萨特的眼中，外公简直像一位圣者。

而每当看到外公举着双手，抬头看着天空大骂出版商"卡我的喉咙，剥削我的劳动"时，小萨特就会默默地想："为什么出版商们，这些吸血鬼，非要喝我可怜的外公的血呢？但我将来也是要准备在恰当的时候献身于这个神圣的事业的。"

外婆有时向小萨特展示由外公编写的其他书，小萨特都为之自豪："啊，我是一个专门制造那些圣物的专家的外孙；制造那些圣物的专家，就像那些制造钢琴的专家，那些为教士做圣衣的裁缝一样，是令人肃然起敬的。"

尽管小萨特还不认识任何字，但他很快就向外公提出要求："外公，我也要有我自己的书。"

夏尔看着小萨特，心中惊叹不已："看哪，这真不愧是我的外孙，孺子可教，哈哈……"他立刻欢快地跑到他的出版商那里，要了一套诗人摩里斯·布梭写的《童话集》。

夏尔向小萨特介绍这套书说："这是从民间故事中取材的小集子，是由一个懂得儿童心理的人为适应儿童的爱好编成的。"

小萨特欣喜若狂，一把抱到怀里，甚至忘了对外公说声"谢谢"，就飞奔到正在忙碌的母亲身边："妈妈，我有自己的书了！"

低头干活的安娜回过身来，疑惑地问："什么自己的书？"但等她刚转过身来，却发现小萨特跑没影儿了。

原来，小萨特已经把书搬到了自己的房间，他要举行一个神圣的仪式——自己一个人独自享受占有它们的乐趣。他小心翼翼地把书放在床上。他先抽出两小本，闻一闻，呀，一股类似香菇的芳香；摸一摸，白纸上的黑字并不如所想象的那样凸出来。

然后，小萨特闭上眼睛，思索着外公的样子……然后他睁开眼，也满不在乎地翻到"所需要的一页"，同时尽可能地使纸张发出"唰唰"的声响。接下来该干什么？萨特想不出。呆呆地想了一会儿，把这一本放下。

他又抽出了一本，同样的动作又重复了一次。然而一切都是枉然：小萨特感到这些书仍然像刚拿到手时一样陌生，它们对他不理不睬，不承认萨特是它们的主人。

小萨特决定换一种方式，就像对待洋娃娃一样与它们沟通：他开始耐心地对它们说话，抚摸它们，吻它们，最后使劲拍打它们……但仍然无济于事。

可怜的小萨特，眼泪都要下来了，他是多么想真正拥有这些神圣的东西啊！

安娜正坐在客厅的沙发里，专心致志地织毛衣。忽然，膝盖上多了一本书，还有一双可爱的小手。然后就看到了小萨特那充满着渴求目光的纯真的双眸。

安娜的嘴角浮上了一抹微笑："亲爱的小宝贝，你要我给你读些什么？是关于那些仙女的故事吗？"

对于妈妈所说的那些神话和童话，小萨特是很熟悉的，每当妈妈给他洗澡时，她总是一面为他浑身搽香皂，一面给他轻声地讲那些神话。有时，妈妈手中的香皂滑到澡盆底下，她才暂时中断讲故事。待到她的手摸到了香皂的时候，她又开始讲起来。

在聆听故事中，小萨特每当被神话中某些仙女的善行或魔力所迷住的时候，他就把眼睛瞪得大大的，直盯着妈妈的脸，看着她那一双美丽、动人、充满智慧的眼睛。这时，小萨特心目中的那个仙女已经完全改换成了妈妈的形象。

现在，小萨特看看母亲，又指着书，半信半疑地问道："妈妈，你是说仙女，在这里面吗？"

安娜抚摸着儿子的头："亲爱的，去把你的小椅子搬过来。"

于是，小萨特坐在对面的小椅子上，开始听妈妈讲仙女巴尔特的故事："很久很久以前，在太阳神殿里住着仙女巴尔特……"

小萨特两手支着小脑袋，静静地听着，两眼注视着母亲讲故事的神情、声音的变化……恍惚间，小萨特觉得轻飘飘地，好像自己正同森林中的仙女们一起，游荡在迷雾之中……

小萨特问自己：这是谁在说话？过了好一会儿，他才恍然大悟：这正是书在说话呀。他这才开始极力捕捉书中的句子：它们时而欢唱，时而哭泣，其中还间隔着停顿与叹息。

但最让他头疼的是，它们夹带着许多他从不曾听过的新词，但还没来得及理解，句子便飞逝而过，杳无踪影。而有时，尽管他早已听明白了，那些句子却仍在絮絮叨叨、没完没了。

萨特又不由得疑惑不解："这些话是不是对我说的呢？"但就在他出神的时候，一个故事已经读完了。母亲正怔怔地看着一脸茫然的他。

心神未定的萨特一下从母亲手中夺过书，夹在腋下，飞也似的逃走了。从此，《童话集》成了小萨特生活中不可缺少的伴侣，他每天都缠着母亲，要求她再念一个新故事。他越来越喜欢这些预先写好的奇遇，而再不愿听大人们为了哄他开心而即兴编出来的故事。

而且，小萨特敏感地发现，书中的词语间有着某种严密的联结，正是这些联结使每次所念的故事具有了不同的意思。每一次从母亲嘴里吐出来的词语还是上次念出来的那些，只是它们之间的顺序发生了改变……

萨特出神地听着等待着那些似曾相识的词语周而复始地出现。每当它们重复出现，以同样的顺序重复时，他就产生出一连串一言难尽的美的享受的情感。

小萨特简直有点儿妒忌母亲那种能读善讲的能力："为什么妈妈可以把那些书念出来，我却不行呢？"

小萨特被这一念头折磨得寝食不安。终于，他从外公的书房里搬来一本名叫《一个中国人在中国的苦难》的书。他把书放在贮藏室里一张折叠式铁床上后，便一本正经地坐好，竭力模仿母亲的样子，开始"读书"。

小萨特用眼睛紧紧盯着那一行行的黑字，俨然像一个能读书的大人那样，他哼呀咿呀地乱读一遍，直盯着那些黑字，像真的读书那样，眼睛向左向右、自上而下地有顺序地移动。而他那竭力装得正经的朗读声，也似乎夹杂着大人们读书时所常有的抑扬顿挫。

其实，他只不过在讲述一个母亲念过好几次、他已烂熟于心的故事。尽管口中所念与眼中所看风马牛不相及，但萨特仍注意口齿清晰地读出所有的音节，以此向母亲表示：你能读，我也能读；你能理解，我也会理解那些故事。

小萨特这些急于读书的愿望和行为，很快就惊动了那爱书如命的外公和极关心他成长的母亲。首先发现小萨特的这一"创举"的是母亲安娜，接着，外公、外婆相继前来观摩，他们惊呼："我们的小宝贝会读书了！"

随后，夏尔召开了大人们的临时会议，经过讨论，大家一致作出决定，并由夏尔宣布："孩子急于读书的愿望与行为，使他的外祖父、母亲——当然，也包括他的外祖母……我们都感到万分欣喜。这是一个多么有求知欲的孩子啊！何况他又如此聪明。该是教孩子识字母、念书本的时候了！"

外婆这次并没有与老夏尔较真，只低声嘟囔："什么叫'包括'，我作为一家的女主人，怎么变成'包括'了？老东西！"

从第二天起，外公教小萨特识字母，萨特念得兴致勃勃，十分投入，他甚至私下里给自己补课。于是大人们在外面越来越难看到他小小的身影，听到他稚气的声音了。

小萨特刚学会读书，就狂热地超出了大人们为他制订的阅读计划。有段日子，每天都坐在他房间的小铁床上，读一本由克托尔·马路写的《无家可归》。之所以选择这本书，因为萨特对书中的内容记得很熟。这样，当他实在无法辨读文字时，可以依靠平日的记忆来读出那些词句。

小萨特就这样认真"读书"，一行一行、一页一页吃力地读着，他甚至一边认读，一边背诵，还不时抬起头，眯缝着双眼思索一会儿。

当翻到最后一页时，小萨特惊喜地发现，自己已经掌握了所有字母的正确发音，并且能够半猜半读地弄懂少许词汇的含义了——换句话说，他能够阅读了！

萨特为此欣喜若狂："我终于能够自己读书了！"

有一段时间，萨特读得最多的是《拉罗兹大百科辞典》。正是从一卷卷笨重的辞典中，萨特认识了世间的万物。

在外公的书房里陈列的书本，主要是法国和德国的古典文学作品，小萨特接触到了拉·封丹的作品，有方德奈的喜剧，也有古希腊喜剧家、诗人阿利斯多芬的诗剧，拉布雷的小说等。在这里，萨特可以凭借书本，使自己的想象力在法国和德国的古典文学的精神王国里任意驰骋，他在这里获得了最早的思维和想象能力的基本训练，也获得了极其丰富的历史知识和文学知识。

学会阅读和思考

1910 年，刚刚 5 岁的小萨特，在能够享受独立阅读的乐趣之后，他已经不再像以前那样热衷于扮演"著名的卡尔的乖外孙"这一角色了。每当客人们起身告辞时，萨特便飞快地逃离客厅，很快，他已经忘记了周围的世界，重新回到了书本中的生活。

当小萨特读完了好多书后，他也会"掩卷沉思"。

有一天，他突然有了一个重大的发现：原来，书本中的世界和真实的世界不一样。

这个发现随着小萨特阅读量的增加，越来越得到了他的证实。比如：为什么古罗马执政官布鲁都斯要把自己的两个儿子全都处死呢？而著名小说家梅里美要让他的一本书的主人公马得奥·法尔孔也杀死了自己的不义儿子。

萨特由此怀疑：这种父杀子的行为是否在历史上普遍存在？以致人们竟都不以为怪。可萨特环视自己生活周围的亲友，却并没有发生过哪怕一次类似的事件呀！他只发现外公常常与舅舅吵嘴，有时在花园里嚷得面红耳赤，可看起来外公并不曾要打死舅舅呀。

还有，高乃依悲剧中的情人们总是相互亲吻，并彼此许愿要同睡在一张床上。小萨特叫道："这真是奇怪的风俗！我每天不是和母亲分睡在两张小床上吗？"

小萨特无法理解书本中的世界，即使是他最爱读的《包法利夫人》也不例外。他曾几十次地反复阅读《包法利夫人》的最后几页，最后竟能整段地背诵下来。

然而尽管翻来覆去地读，萨特仍然无法弄懂一切："那个可怜的查利·包法利医生在妻子死后发现了一些信件，为什么从此就留起了胡子呢？他忧郁地瞥了罗道尔夫一眼，可见他对罗道尔夫是怀有某种敌意的，可为什么他又对后者说'我并不怨你'呢？为什么罗道尔夫会觉得这位丧妻的老实人'很可笑，又有些卑鄙'呢？最后包法利死了，他是死于悲伤还是疾病呢？"

小萨特苦苦地思索着，却百思不得其解，不过这并不妨碍他读这部小说读得如醉如痴。

这种似懂非懂、似是而非的感觉，反而增加了故事的魅力。在萨特看来，世界的深奥之处恰恰存在于这样的书中。尽管缺乏必要的成人知识给萨特的阅读造成了不小的障碍，但他乐此不疲，因为尽管不甚其解，但福楼拜所透露出的忧思愁绪，所传达的悲观情调，已经深深地打动了他幼小的心灵。

读的书越多，小萨特就越发现书中的世界和现实的世界是截然不同的。不过小萨特却慢慢意识到：真实的世界较为贫乏、虚假，缺乏人情味；而书本中的世界却是如此浪漫、诗意，充满了戏剧性色彩。

不过，小萨特觉得，书本上的世界是那样真实，那样活灵活现，那样强烈地吸引着他；而现实世界的存在却显得有些虚幻迷离，令人难以捕捉又使人大倒胃口。

1911 年，小萨特 6 岁时，外祖父一家从法国西部搬到了巴黎，住在靠近巴黎大学的拉丁区勒哥夫街 1 号 7 层楼中的第 6 层。每当小萨特在书本中遇上了难解之谜，他会走上那个不大的阳台，像个大人一样踱来踱去。

偶尔，小萨特会停下踱步，从阳台探出头来，看看那些往返于街道上的行人。仅仅几眼便使他禁不住为世间的平庸生活而感叹。他看到，人们都在忙忙碌碌，却不知究竟是为了什么而奔走。

感叹之余，小萨特会抬头看看天空，灰暗的天空更加衬托了世间的忧愁；再低下头注视人们，人们的脸也阴沉得吓人。有时，好不容易在一个人脸上浮现出一点儿微弱的笑容，但一瞬间就消失殆尽。

勒哥夫街是个不大的小街，但是街道上人来人往、车水马龙，不过在小萨特的眼中，却不可理解地如一潭死水般平静。他非常不喜欢眼前的图景，常常会冒出这样的疑问："为什么他们不能像书本上的人物那样充满了锐气和血性呢？"

每想到此，小萨特便会掉转头，飞快地跑回他的房间，重新进入词语的丛林。那里才有他真心喜欢的人儿、真正感兴趣的生活。

傍晚来临了，萨特却在语言的森林中迷了路。哦，又一个疯人的故事！又有一个鲜活的生命即将被毁灭，这是多么难以忍受的悲痛啊！他完全被那个敢爱敢恨的世界迷住了，他激动得浑身战栗，嘴里发出一些连他自己也不明白的莫名其妙的声音。

忽然，灯被打开了，安娜出现在眼前，她不禁失声叫道："我可怜的孩子，你怎么在一个人吵架呀！"

萨特不情愿地从另一个世界回过神来。真扫兴！他只好跳下床，嘴里"叽里呱啦"地乱叫着跑向餐厅，回到他那一成不变的平庸的家庭生活中。

小萨特讨厌真实的世界，当时，西方世界正进入了最沉闷、最晦暗的阶段，人们的物质生活日益富足，精神世界却渐趋贫乏。生活中健康向上、积极奋进的风气几乎丧失殆尽，而代之以无聊、颓废和无病呻吟。

而在书本的世界里，小萨特却可以感受到另一种"人性"：它有时是恶的，但更多的时候是善的，更重要的是，它是真实的。这种人性的内涵如此丰富，表现如此富有激情，使人生总带有悲剧或喜剧色彩，以致使他久久沉溺于其中而不愿回到现实中来。

现在，萨特终于找到了自己的"宗教"："没有任何东西能比一本书对我更重要。"

出于对书的崇拜，萨特自然会对那些写作这些书的大作家们发生兴趣。外公经常辅导小萨特读书，他给萨特讲述了从古希腊诗人赫希俄德到19世纪浪漫主义诗人、小说家雨果，以及这些伟人们的传奇事迹和传世作品。

小萨特贪婪地、一句不漏地听着，每当发现外公有空，他便会拽住外公的衣袖，小声地哀求："您到我房间里来，好吗？"

到后来，萨特对那些名人的故事已经听得滚瓜烂熟，他能一字不差地背诵他们的名字和他们的简要生平。

有一次，夏尔对萨特说："这些人都是圣者、先知。我很崇拜那些历史上的有学问的名人，但他们又使我烦恼，因为他们的出现，妨碍我把人类的一切创造直接地归功于上帝。为此，我倒更加赞赏那些建造天主教堂和创作民歌的无名英雄们，在我看来，他们是更加谦逊的，他们无意与上帝的荣耀争夺光辉。"

小萨特没有兄弟姐妹，外公家周围也很少有同龄的伙伴，他把这些从小就熟悉的人自然而然地当作了比其他一切人都重要的同伴，因此，在小萨特眼里，这些出手不凡的大作家并不是只可仰慕、高高在上的巨人，而只是他最早的朋友和玩伴。

萨特觉得，这些人并没有死去，他们的躯体已经化为书本了：高乃依是个红脸大汉，他皮肤粗糙，浑身上下散发出一股糨糊的味道。这个家伙总是一脸严肃，满嘴吐出的都是晦涩难懂的话语。福楼拜脸上长着雀斑似的小点儿，他总是满脸的忧伤，没完没了地诉说着知心的话语。

萨特尊敬、佩服这些作家们，但并不认为他们如何地高不可攀。他们不过是尽到了自己的责任罢了！他们尽管伟大，有的还不可一世，可他们也不可避免地有着自身的不幸和磨难。

更何况，作为"有名的卡尔的模范外孙"，萨特从小就认为，自己毫无疑问也会像外公那样成为一名作家。

看到孩子对书本、对阅读情有独钟，全家人不禁喜上眉梢，这样乖、这样聪明伶俐、还这样嗜书如命的孩子，真要感谢上天赐给他们一家这个珍贵的礼物！

可渐渐地，母亲和外婆开始转喜为忧了：这孩子成天都在读书，会把身体弄坏的。

两个女人都为小萨特的健康担心，安娜总是关心地问："你今天读什么来着？你读懂了哪些事？"接着，她总是劝儿子多玩别的东西，不要单纯地在书房里度过一天的大部分时间："好宝贝，你还小，看不懂那么多大人的书；等大了再去看。"

外婆则把责任推到外公身上，忍不住大叫："卡尔真没有道理！是他在逼孩子看书，要是这孩子消瘦下去，对他有什么好处呢！用脑过度会直接导致脑膜炎。"

为了使小萨特从外公的书堆中转移注意力，安娜有意识地常带萨特出门散步。离家不远的卢森堡公园是他们常去的地方。但那里的花草引不起萨特多大的兴趣。

母亲和外婆绞尽脑汁，终于想出了一个"以毒攻毒"的好办法：最好有意带萨特到销售多种彩图的文具店或报摊去，让他接触那些充满了儿童生活乐趣，真正适合于他的年龄的书，从而将其注意力从那些过于严肃、深奥的"大人的书"中转移出来。

于是有一天，安娜特意带小萨特去了那间位于圣·米歇尔大街和苏夫劳街交界处的书亭，果然不出她所料，那些精美的图画、绚丽的色彩，尤其是充满了奇遇和冒险的故事，马上就把小萨特给迷住了。

此后，每到星期四这一天，小萨特都要拉着妈妈上那儿买《蟋蟀》《精彩》《假期》等儿童杂志，以及《格兰特船长的孩子们》《八十天环球旅行》等儿童故事，它们是风靡一时的儒勒·凡尔纳专门写给孩子们看的小说。

在母亲为他买的那些书中，小萨特最喜欢的是保尔·狄瓦所写的冒险故事：其中有小说《拉瓦列的五个铜板》《三层保险板的海盗船》，戏剧《我太太的丈夫》和《巢中喜鹊》。萨特觉得保尔·狄瓦的文字很流畅，很接近日常用语，读起来很合口味。而凡尔纳过于持重的语言，萨特并不太喜欢。

小萨特对这些读物感到特别新鲜，一打开它们便沉浸在那些由神话、童话、科学幻想小说所构成的天地里乐不思归。这是一种纯粹的美的感受，是一种真正适合于他的年龄的儿童生活的乐趣，是有别于在"大人的书"中所品尝到的思索的乐趣。

夏尔知道后，对妻子和女儿训斥道："这些小孩子看的东西是培养不出伟大的思想家和作家的。唉，好好的材料你们竟然这样浪费掉！"

尽管外公不以为然，小萨特自己却宁愿同时漫游于"大人的书"和"儿童的书"这两个世界之中。尽管他一直待在家里，没有受到正统的学校教育，但他所读的书比同龄的孩子们要多得多。

萨特·童年的岁月

开启自由想象之门

小萨特的手指在翻动着一页一页的书，时光老人的手指也在翻动着一天一天的岁月之书。在书页的翻动中，一天天的时光飞逝而过。

大人们看到萨特的阅读能力与日俱增，心中都欣喜不已。尤其是夏尔，他非常赞赏小萨特的阅读能力，经常给他各种鼓励。

1911 年 1 月 21 日，萨特找到了古德林的《迪奥多尔寻火柴记》，爱不释手。他拿着书读给厨师听，一直追到厨房还念个不停。

夏尔见外孙如此迷醉于古德林的作品，就开玩笑地对他说："保罗，古德林必定是一个正派人。你既然如此喜爱他，为什么不给他写一封信呢？"

小萨特听了，真的一本正经地拿起笔写信给古德林，在信末，小萨特署名前自称是"你未来的朋友"。

但是，古德林并没有回信。小萨特和外公对古德林拒不回信的态度极为不满，夏尔嘟嚷说："我知道他很忙，但是，人家总要给小孩回信的呀！"

但是，他们很快又开始为小萨特另一个让人费解的变化而忧心忡忡：原来伶牙俐齿、活泼好动的小宝贝，现在一天到晚沉默寡言，心不在焉。无论是陪妈妈上街，还是跟外公去散步，他都不如以前那样积极，并且总是一副失神落魄的样子。而每当晚饭刚刚吃过，他就急急忙忙地奔回他的小床，"叽里咕噜"地念一通祷告后就钻进被窝。

安娜担忧地念叨着："这孩子是怎么啦？"她跟进房间，疑虑重重地注视着似乎灵魂游离于身体之外的小萨特。

过了好长时间，大家发现，担心似乎是多余的，小萨特并没有做出出格的事情，其实，现在他是从热衷阅读转而开始迷恋想象中的世界了。

原来，那一段时间小萨特看了大量童话和幻想作品，而他从中找到了另一种乐趣。他感觉，那些作品就像小小的戏院，带有金丝绸的红色布封面，就代表舞台的幕布；而那些被镀成金黄色的书边就是舞台下的排灯。从这些魔术式的书盒中，萨特开辟了一种新天地——想象场景！

看上去已经熟睡了的萨特，其实正进行着紧张的精神活动：白天看过的书中的人物、场景活灵活现地回到了他的脑海中。

黑暗中，萨特想象自己是一个孤独的成年人，没有父母，也无家可归，但他屡建惊人业绩。现在，他一步一步艰难地走在熊熊燃烧的房顶上，火势越来越大，但他不敢加快步伐，因为怀里抱着一个已经昏死过去的青年女子。

他往下瞥了一眼，人们在下面大声地叫喊着："房子就要塌了，快下来啊！"怎么办？找不到可以下去的地方，一切都已燃着了。冷汗一滴滴地从他被烈火映红的脸颊上滴落下来……

被紧张的想象弄得精疲力竭的萨特很快睡着了，那熊熊的大火和喧嚣的场景暂时离他而去。

第二天晚上，刚吃过晚饭，萨特又迫不及待地回到他的小房，爬上床，很快从现实来到了想象的王国：还是那栋摇摇欲坠的失火的房子，那个女子还昏迷不醒，又回到了那个危急的时刻。怎么办？突然，一根排水管映入眼帘。天啊，怎么没有早看到它呢？这下我们得救了！

可是，抱着一个人又如何能抓住水管爬下去呢？幸好，这名女子被不远处一根木柱坍塌的巨响惊醒了，她对青年萨特说："您背着我，我可以用双手紧紧地抱住您的脖子。"

小萨特立即阻止了想象往这个方向进行："不，这样不行。哪怕被救者对拯救自我有过一点点微薄的努力，自己的功勋也会因此大为逊色。必须另想办法！"

咦，脚下是什么东西？我的上帝！是一根还未被烧着的绳子。青年萨特连忙把女子绑在自己身上。剩下的事情便好办了。

终于，萨特和那名女子都脱险了。市长、警察局局长、消防队队长都蜂拥而至，争先恐后地拥抱他、亲吻他，把他抬起来抛向天空，再接住，大家欢呼："伟大的勇士萨特！"

最后他们决定，授予他奖章，报社的记者也闻讯赶来，打算写一篇精彩报道。

然而，勇敢的青年萨特已经不见踪影。他已来到了另一个遥远的地方。

深夜，一位姑娘大叫："救命！"

萨特几乎每天都是在危难中或是悬念中入睡的，想象占据了他精神世界的全部。

当时电影还刚刚诞生，处在无声片阶段。安娜为了使小萨特多见识一些新鲜事物，便带着儿子去看了几次电影。

小萨特很喜欢看电影的感觉：那么多人坐在黑漆漆的台下看台上几个人的行动。"表演"这个概念模模糊糊地进入了萨特的大脑。几次电影看下来，他便不仅仅是在脑中想象了，开始用表情、动作甚至道具来辅助想象活动，就好像是演一场无声电影一样，而且最好要和着音乐，使表演与音乐的舒缓、急促配合一致。

每天傍晚5点钟，夏尔在现代语言学院讲课还没有回来，外婆则在她的房间里看小说，安娜已经准备好了晚餐，在她的钢琴旁坐下来，弹奏起肖邦的《叙事曲》或舒曼的《小夜曲》。

母亲琴声一响起，小萨特便溜进了外公的书房。书房里黑乎乎的，只有外面客厅里钢琴上的两支蜡烛透射进来一点点摇曳的光线。他满意地审视了一下场景，然后一只手举起了外祖父书桌上的戒尺，在手上掂量了一下，满意地点点头：“这是长剑。”

随后，小萨特另一只手抓起了外祖父的裁纸刀，紧紧握在手中：“嗯，这是短剑。”

立刻，小萨特进入自己所扮演的角色：一位平庸的火枪手或一位著名的剑客。为了一个重大的使命，他不得不隐姓埋名；为了不暴露身份，他必须极力隐忍，甚至打不还手。

小萨特低着头在房间里转来转去，不时用眼睛恶狠狠地盯“别人”一眼。忽然，他“被人抽了一记耳光”惊跳了一下。不久他又“背后被人踢了一脚”踉跄了几步。“英雄”萨特默默忍受着一切欺侮，打定主意决不还手。但是，他在脑海中已经牢牢地记住了这些坏家伙的容貌和姓名……

这时，安娜换了一个乐曲：弗兰克的交响乐变奏曲，琴声进入了快节奏，音量也加大了。

“战斗的时刻到了！”萨特既要扮演骑士，又要扮演骑士的马，从书房的门口奔到窗前，他一边挥舞着“长剑”，一边“马不停蹄”地在战场上穿梭。

萨特倒在了地毯上，一个“敌人”被萨特的剑刚好刺入胸膛。但是，更多的敌人围拢过来，萨特寡不敌众，终于被杀死了。萨特再次倒在地上。

过了一会儿后，萨特爬起来，开始进入另一个角色：游侠骑士。

安娜又换了一个曲子，快板变成了温情的柔板。

“剧情”也发生了变化：

刚刚结束了恶战的骑士来向被他保护的伯爵夫人请功，美丽高贵的伯爵夫人含情脉脉地一笑，她爱上了英勇的游侠。在绿草如茵的山坡上，骑士挽着夫人的手臂，一边散步一边闲聊。

可是好景不长，那帮无赖和仇敌又纠合在一起猛扑了过来，骑士以一当百地杀死了 90 个暴徒，可剩下的 10 个还是把心爱的伯爵夫人抢走了。

萨特活灵活现地表演着各种各样的人物，他既演坏人，也演好人；既演打人的人，也演被打的人。萨特的表演是这样投入，因此尽管是一部哑剧片，书房里还是不停地传出各种声音。

门外传来母亲的提醒："保罗，你在干什么？你的声音太大了，邻居们会抱怨的。"

小萨特不予理会，他现在已经不是保罗了，而是他所扮演的那个角色。

有时，安娜会忍不住走进来追问："保罗，你到底在做什么？"

萨特这才极不情愿地停止住演戏说："我在玩电影。"

萨特这年刚刚 6 岁，但他不仅通过阅读掌握了不少词语的语音、字形和意义，而且通过多样的想象活动形成了丰富的精神内涵。

开始尝试文学创作

时光不知不觉进入了 1912 年的 6 月，小萨特刚刚过完自己的 7 周岁生日。他依然生活在自己快乐的幻想"创作"中。

夏初，巴黎人纷纷涌向外国或外省的海滨消夏、旅游，繁华、热闹的巴黎城一时竟显得有些空荡荡的。外婆、母亲也带着小萨特前往阿尔卡松小住，夏尔则由于学校还未放假暂且不能随同。

夏尔的字很漂亮，因此他非常热衷于写信。即使是与外孙短暂的别离，他也要每星期写 3 封信。每封信中除了给外婆和母亲的几句"照顾好保罗"的叮嘱外，小萨特却能单独收到一封用诗写成的信。

安娜为了让小萨特好好领会这种被外公宠爱的幸福，又特意教小萨特学韵律和诗的规则。很快，小萨特就明白了诗歌是怎么一回事。

这天，小萨特又接到了外祖父的信，他突然想到："为什么我不能写封回信呢？"这念头一萌发便使小萨特坐卧不安了。

第二天，萨特在一张纸上胡乱地写着，但怎么也写不好那种叫"诗"的东西。

安娜从外面走进院子里，恰巧看到了这一幕，她兴奋万分，鼓励说："亲爱的保罗，努把力，把诗写完，让外公看看！我来帮你。"

终于，"诗信"发出去了，此后的几天，两个女人每当谈起收到它的外公会是怎样一副惊愕的表情，她们都会笑得连眼泪都出来了。很快，外公回信了，他热情洋溢地赞扬了"著名的卡尔的乖外孙"的诗。

受到称赞的小萨特高兴地露出读书以来少有的少儿活泼天性，手舞足蹈起来。在母亲和外婆的怂恿下，他立即又以诗作答。于是，祖孙俩就这样被一种共同的、高尚的乐趣联系在一起。这年夏天，小萨特与外公有了单独的鸿雁往来，而且都是采用诗的形式。

夏尔在惊喜之余，还专门给外孙寄来一本音韵字典，并预言："一名诗人，就要在我们家诞生了！"

小萨特无比激动："我会作诗了！"他很快就不满足于只给外祖父写信了，他急于寻找新的创作题材。

小萨特注意到，邻家有个叫薇薇的女孩真可怜，小小年纪就患了肺结核，只能成天躺在轮椅上。他很同情她，也很喜欢她，把她当作一位可爱的天使。他常常挨着她坐着，给她讲从书上看来的各种故事。

小萨特决定："我既然会写诗了，薇薇是不该忘记的，一定要写几首诗献给薇薇！"

小萨特很用心地为心爱的薇薇写了几首"情真意切"的短诗，诗虽短，但小女孩却看不懂；不过大人们传阅之后，却对之赞不绝口："7岁的小诗人，哈哈，嗯，不过很不错，毫不夸张地说，你是个神童！"

小萨特涌动着作诗的激情，但生活中可用诗歌来描写的东西太少了。他整天思索着："还能写些另外的什么东西呢？"

度假刚回到家，有人送给小萨特一本拉·封丹的寓言故事集，但他看完后认为上面的情节并不好，最后，他决定用12音节的亚历山大诗体来对它进行改写。

大人们听了小萨特的计划之后，都惊讶摇头："不行，不可能，这太超出一个孩子的能力了。"安娜甚至担心地摸了摸儿子的前额，看他是不是被烧"糊涂"了。

但萨特全力以赴地投入了改写工作。终于他吃力地把自己在连环画、杂志上看到的那些动人心魄的冒险故事加了进去。而在不知不觉中，诗也变成了散文。

在小萨特的"处女作"、小说《为了一只蝴蝶》中，故事梗概是这样的：一位有着非凡敬业精神的科学家，带着他美丽的女儿以及一位强壮的青年探险家，一行三人沿着亚马孙河而上，去寻找一只全世界独一无二的、珍贵的蝴蝶。他们经历了常人无法想象的磨难……

这个刚满 7 岁的儿童坐在堆得比他的个子还高的书堆中，日复一日不停地"创作"着。

安娜走进房间，拾起儿子扔在地上的纸团，上面的字乱七八糟，她不由得皱了皱眉："保罗，你在干什么？是在练字吗？"

小萨特此时虽说仍然是"抄袭"，却显然做得越来越高明了：他知道将原作品之外的东西塞进去了。这一手法是向凡尔纳学的。细心的萨特发现，凡尔纳每次写到情节最紧要的关头，就会突然停下来，兜售一段有关某种动、植物或某一风土人情的知识。

小萨特很快就将向凡尔纳学到的这一招运用到实践中，并发挥到了极致。他常常在"写作"中停下来，给他想象中那"成千上万"的读者灌输各种各样的知识，如火地岛人的风俗习惯、非洲的植物、沙漠的气候等，尽管他对于这些东西同样也一无所知。

比如小萨特写到那位蝴蝶研究专家和他的女儿在一次事件中不幸失散了。偶然的机会又使他俩坐上了同一艘船，但他们并不知道。不承想，轮船又不幸失事了，他俩被迫跳入波涛汹涌的大海中。巧合又让父女俩抓住了同一块浮木。父女俩在惊涛骇浪中相认了。突然，前面游过来了一个发着白光的庞大的东西。天哪，鲨鱼！它正在寻觅食物，它已经发现了两个落难者。

"那不幸的父女俩的命运将怎样？他们能逃脱死神吗？"写到这儿，小萨特便放下了手中的笔。他跑到外祖父的书房中找到了《拉罗兹大百科辞典》上从字母"P"至"Z"的那一册，然后把它搬到自己创作的书桌上，极其熟练地翻到了印有词条"鲨鱼"的一页。

萨特另起一行，开始一字不漏地抄袭起来："鲨鱼常见于大西洋热带区，这些巨大的海鱼凶猛异常，身长可达13米，体重可达8吨……"

就这样，自己也"无知"的小萨特对《为了一只蝴蝶》进行了再"创作"。在"创作"时期，他抄了无数个词条，一套《拉罗兹大百科辞典》几乎被他翻遍了。

不过，夏尔并不欣赏外孙这一莫名其妙的行为，他原以为小萨特能够以其洞察力和所掌握的文辞，描写一下他们的家庭生活，但当他发现那个"神童"只是抄了一些无聊的故事时，大失所望；而其中随处可见的拼写错误更令他气恼万分。

安娜在伤心之余，好几次想诱使父亲细读一下小萨特的第二本小说《卖香蕉的商人》。她耐心地等待父亲穿上拖鞋，坐上安乐椅，并开始处于悠然自得的状态的时候，故意装着漫不经心的姿态翻阅萨特的那本"小说"，然后像突然发现什么宝贝似的哈哈大笑起来，并把手中的"小说"递给父亲："你读读吧！爸爸！真有趣极了！"

但是，当安娜把前面的事情做完了，"小说"递过去之后，夏尔或者干脆不读，或者在读了几句之后，严厉地指责萨特在拼字、语法方面的错误。

让小萨特感到幸运的是，尽管外公并不赞成，但也并未公开阻挠。因此他坚持不懈地进行着创作，即使在生病不得不卧床休息的时候，也从未中断。

那段日子，安娜总会在小萨特的枕头下面找到那个镶着红边的黑封面笔记本，这是她特意买给儿子的，上面早已写满了萨特自认为写得不错的小说。在小萨特的生活中，没有了舞刀弄剑地玩电影游戏，也不再躺在床上作漫无边际的幻想，创作小说替代了这一切。

萨特辛勤地创作着，不停地写啊，写啊。渐渐地，从最初的抄袭转而被七拼八凑所代替。每当写一部新小说时，他会把以前读过的一两个甚至更多的事件按照一定的顺序和逻辑安插进去。每到适宜的地方，他还能把记忆中阅读过的种种动人的细节添加进去，从而使原来的故事更加跌宕起伏、耐人寻味。

更重要的是，小小年纪的萨特却已经懂得如何在写作中表达自己的意图了，比如对于他喜爱的人物，他会不吝美言地夸大他的壮举；而对于他所厌恶的角色，则极尽"虐待狂"之能事，不惜对其加以种种残酷的遭遇和惩罚。

小萨特很仰慕那些独自与各种暴政对抗，或者一个人去完成艰巨而伟大的使命的英雄。这导致萨特在编撰情节时总不外乎用那种"以一敌众"的模式，以突出、夸大义士的功勋。因此在小萨特的这些描述中，英雄要面对成倍的敌人与危险、阻碍。在他笔下，常常是一位勇士只身对付20多个恶棍；他甚至让那位勇士一个人击退整整一队敌军……

不知不觉中，萨特的创作中抄袭的成分越来越少，先是加入记忆中的细节，然后依据个人的喜好对原有的情节进行改动。在这种把不同的故事进行衔接的游戏中，萨特的创造才能也同时得到了很好的磨炼。

坚定当作家的志愿

1913 年，小萨特沉迷在写作中，一天天长大了。而现在，已经到了家里的孩子们表现出他们最初理想的年龄了。舅舅的孩子们都将成为工程师，萨特长大后会做什么呢？

安娜常常有意跟小萨特谈起他的表兄弟们，期望他也懂得为将来做某种打算和选择，但小萨特对此总显得心不在焉的，从来没有让安娜满意的明确回答。安娜开始为儿子的未来职业忧虑不安。

夏尔家的好友毕卡德太太一直很赞赏小萨特的阅读能力，她常常说："小孩什么书都可以读，一本写得好的书是决不会有害的。"

有一次，当萨特要求母亲允许他读福楼拜的《包法利夫人》时，安娜用一种唱歌似的腔调回答说："如果我的小宝贝在他这个年龄的时候就看这类书，他长大后又将做什么？"

当时在场的毕卡德太太说："这有什么大惊小怪的，我看就应该鼓励他！"

11 月的一天，小萨特正在他的小书桌上聚精会神地写作。毕卡德太太来了，她提出要看看很久不见的小天使。

但来到萨特的房间之后，毕卡德太太不由大吃一惊：正完全沉浸在想象世界的萨特对客人的光临熟视无睹，毫不觉察，他一边飞快地用墨水笔涂满纸张，一边龇牙咧嘴，显示出种种极端痛苦的神情。

此情此景家里人早就见怪不怪了，毕卡德太太却发生了浓厚的兴趣，她悄悄走到孩子身后，仔细辨认那些"龙飞凤舞"的字迹。回到客厅后，她下了一个非常肯定的结论："看那孩子，多么丰富的想象力！多么生动的描写！这孩子将来是搞写作的。"

外婆对此有些不以为然，她撇了撇嘴，冷冷地微微一笑。

毕卡德太太又严肃地重复了一遍："他将来是搞写作的！他正是为写作而生的！"

第二天，毕卡德太太又来了，为了鼓励萨特继续写作，专门送给萨特一个地球仪："保罗，有了它，你就能在写作时，用以参照设计笔下那些旅行家和冒险家在世界各地的行进路线。"

毕卡德太太素以相面而闻名，因此几乎所有的人都渐渐同意了她的预言：埃米尔舅舅送给萨特一台小小打字机；外婆送给他一本红皮封面的烫金小册子。

安娜从表面上看似乎与大家有不同的看法，但一到晚上，当萨特只穿着衬衫在床上蹦蹦跳跳时，她就要紧紧地搂着他的肩膀，自豪地笑着说："我的小宝贝将要从事写作喽！"

现在，不知道毕卡德太太伟大预言这件事的只有夏尔了。

夏尔向来不赞成外孙的写作行为，也不相信小萨特真的有什么写作天才。安娜找一个时机，把大家的看法小心翼翼地告诉了父亲。不过夏尔并没有发火，他只是点了点头，随即走开了。此后几天，他都对此事不置可否。

安娜心里很忐忑：这位家中的权威究竟对此有何看法呢？不过她知道，父亲正陷入了慎重的思考中。因此尽管急于知道答案，她却不敢贸然发问。

终于有一天，客厅里只有小萨特、夏尔和安娜三人时，夏尔略微透露了一下他的想法。

当时，安娜在做针线活，夏尔躺在躺椅上闭目养神，小萨特躺在外公的腿上看书。房间里异常安静，只有时针"嗒嗒"地走着。

忽然，夏尔坐起身来，不无责备地对女儿说："如果他想以笔谋生呢？"

父亲这句话，已足以让安娜明白他的担忧之所在。夏尔平生最欣赏著名诗人韦莱纳，对他的每一本诗选都爱不释手，但在数年前，他曾亲眼看见这位伟大的诗人跌跌撞撞地走进圣·雅克路上的一家小酒店。卡尔每说到这件事时，总会加上这样一句话："醉得像一头猪似的。"

韦莱纳的结局，使夏尔终生对职业作家抱有偏见，他对此下定论说："他们是无法独立谋生的，除了少数例外，他们的下场都是悲惨的。"

尽管夏尔没有把话再说下去，安娜已从父亲那紧皱的双眉、坚定的眼神中读出了父亲的打算：必须阻止萨特走上这条危险的路。

但是，用什么办法阻止呢？

一天晚上，大家正在吃晚饭，夏尔郑重地宣布："饭后，我要跟保罗进行一次男人与男人之间的谈话。"

收拾好餐桌，女人们都自觉地退了出去，饭厅里只剩下夏尔和小萨特。夏尔向小萨特招手："保罗，到我这里来。"

小萨特走到外公身前。夏尔把外孙抱在了自己的膝上。

萨特凝神注视着外公的脸，不由得肃然起敬，因为外公的表情与平时大不相同：庄重、严肃而充满忧郁，显然是经过了深思熟虑。

夏尔亲了亲小萨特的脸，然后说："保罗，你将来是一定可以写作的，大可不必担心大人们，包括外公会反对这种高尚的爱好。"

小萨特也庄重而严肃地向外公点了点头。

夏尔话锋一转："可是，你知道许多著名作家是怎样死的吗？"

萨特迷惑地摇了摇头。

夏尔一字一顿地说："他们死于饥饿。"

接着，夏尔用种种事例让萨特明白：光靠写作是填不饱肚子的，搞文学的人如果不想饿肚子，便只能卖身投靠。

说过那些事实之后，夏尔向小萨特提供了一个既能保留对文学的爱好又能维持生存的两全之策："教师既有大量空闲时间，其工作性质又与作家这一职业相通，做一名教师一方面可以与那些当代伟大的作家们交往，一方面可在向学生们阐述他们作品的过程中吸取灵感，同时自己进行文学创作。"

小萨特似懂非懂地听着。

最后，夏尔选择着适当的措辞告诉外孙："天才只是一笔贷金。要使自己无愧于天才的名称，必须经历巨大的苦难，必须虚心地接受考验，坚定地度过那些考验。说实在的，保罗，其实你并算不得文学天才，充其量，你只是略微有一点儿写作才能罢了。"

夏尔考虑到萨特已经迷恋上了写作，他没有从正面阻拦外孙，因为多年的教育生涯使他明白：出于叛逆或固执的心理，这样做可能会使事情更糟。因此，他在谈话中重点提到了写作的使命，目的是为了让萨特了解到其中的不利因素；他贬低创作，同时否认萨特富有文学天才，为的是说服他放弃这种对于未来职业的选择。

但萨特的理解并非如所预料的那样。他紧紧地抱住外公，全神贯注地聆听着每一个字。在他眼里，此时的外公仿佛是那位正在颁布新法令的摩西，他因此必须牢记并严格遵从他说的每一句话。

真让人哭笑不得，夏尔的本意是要萨特远离文学的，但他万万没想到，正是他的善意的阻拦，反而促使萨特决意走上写作之路。

原来，萨特没有听出外公的弦外之音，在他的理解中，外公不过是在提醒他注意未来创作之路的坎坷艰辛，从而让他抛弃那种想过富足安逸生活的幻想。而外公对写作以及自己文学才能的刻意贬低，不过是在提醒自己：写作是一种严肃而枯燥的行为，作家的职业充满艰辛而缺乏乐趣，想依靠天赋而寻找捷径更是不可能的。

萨特听得冷汗直冒，当下，他点头决定："外公，我听从您的建议，长大了成为一名大学教师。但我会记住您的教导，努力写作，完成作家的伟大使命！"

与外祖父的这场对话中的误会，从此使当作家的志愿在萨特幼小的心灵中以一种十分明确而坚定的方式生根发芽，促使他为了实现这一夙愿而不懈地努力。

当然，一场误会还不足以决定萨特一生的命运，萨特对于词语，对于阅读、写作与生俱来的迷恋引发了这种选择，而他勤于思考，急于寻找人生目的和意义的心态促成了这一决定。

萨特常常会做一个这样的梦：梦中他是一个无票的旅客，偷偷地潜入人生这一列车。当他在车上酣睡时，突然有人把他摇醒，原来是列车员来查票了。他支支吾吾地想搪塞过去，可列车员却紧追不舍。

这个梦是不知从何时起就植根在萨特心中的一个疑问的具体化：我到这个世界上干什么来了？

萨特终于可以把梦做完了，他对列车员说："我现在必须到第戎去，去完成一项重大的使命。只有负有重大使命，只有去拯救正处于水深火热中的人民，才可以无票乘车。"

于是列车员和乘客们都以一种无比敬佩的目光望着他。列车继续前进。

然而，萨特又凭什么去拯救人类呢？现在，他终于找到了自己的方式，这就是写作——用笔来拯救他那些苦难的同胞们。

每天早晨，萨特刚刚睁开眼睛，便光着脚跑到窗前，俯瞰已经熙熙攘攘的街道。哦，这些先生、太太、小姐们还活着，还能在马路上行走。他们哪里知道，是一位圣人挽救了他们。

从昨天傍晚直至现在，这位圣人在家里拼命地写作，为的是写出不朽的一页来使芸芸众生获得一天的缓刑。人类之所以没有堕落下去陷于野蛮而与猪狗为伍，只因为有一个又一个这样的圣徒在暗中顽强地与恶魔作战。每到夜幕来临，这个圣人就得开始工作，明晚、后晚，天天如此，直至呕心沥血而死。

萨特暗暗地下决心：现在这位圣人死后，将由我来接替他，不停地写作来使人类免遭万劫不复的命运。

学校的生活

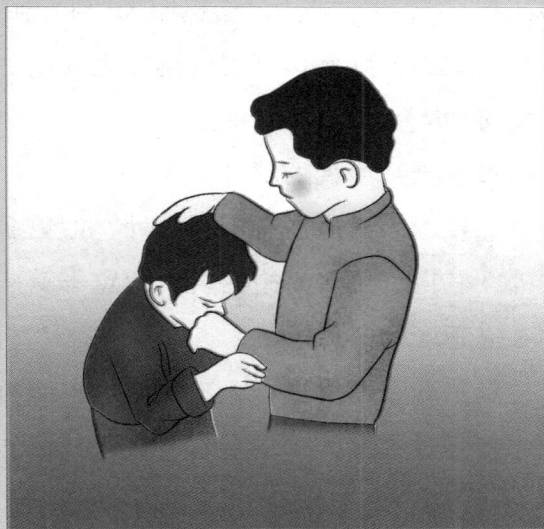

　　人变得孤苦伶仃是因为他不论在自己的内心里或者在自身之外，都找不到可以依靠的东西。

——萨特

走进校园接受教育

1913 年，小萨特整整 8 岁了，早就到了上学的年龄了，是该找一个理想的学校让他接受正统教育并且融入同龄人之中了。

在此之前，萨特有过一次交友的冲动。那是在卢森堡公园，一群孩子在玩"抓坏人"的游戏。萨特多么想加入他们当中，哪怕是只装扮一个已经被杀死的坏人也好啊！可正玩得尽兴的孩子们连看都未看他一眼，萨特失望得差点儿掉下了眼泪。从此他不再尝试跟同龄人交友，自尊使他无法再忍受被漠视的屈辱。

而对萨特来说，较迟入学虽然有不利之处，但更多的是在严谨刻板的学校生活之外，获得了更多充裕的自由阅览书籍的时间，为他创造了非常优越的独立思考的条件。

但到 8 岁了，夏尔和安娜决定：无论如何也不能再让小萨特继续留在学校的围墙之外受教育了，于是夏尔在慎重选择之下，决定让外孙上蒙泰涅中学。

一天早晨，安娜给萨特好好打扮了一下：细纹格子衬衫，外套一条灯芯绒蓝色背带裤。

轻声嘱咐："保罗，到了学校，就是一名小学生了，当了学生之后，一切要听老师的。"

萨特兴奋而严肃地点了点头："妈妈，你放心。"

吃过早点，夏尔带着外孙来到蒙泰涅中学，直接把萨特带到了校长办公室。在把萨特的种种优点吹嘘了一顿后，他作了这样的结论："这孩子唯一的缺点在于，以他这样的年纪，智力发展得太早了些。"

校长将信将疑，他带着尊敬的口吻和夏尔商量："那，就把您外孙先安排进八年级吧！"

法国的中小学教育是十二年一贯制，从幼儿园读完进入最低的十二年级，然后递升，最后升入一年级，再升入"结业班"，才有资格参加中学毕业会考而获取中学毕业文凭。

夏尔想了想，点头同意了。

当萨特被领到一间坐满了学生的教室时，他欣喜若狂，长期以来萨特总是一个人玩，现在他终于可以和那些同龄的孩子们来往了，而且有这么多！

但出乎夏尔预料的是，萨特上学不到两周，他就被校方召到学校去。原来，萨特连最基本的拼音都不会，第一次听写练习时，拼写错误百出，校长告诉夏尔："实话实说，我不能容许您外孙继续留在八年级，最多只能进十年级预备班，待观察一段时间后，再决定分配他到哪个年级。"

夏尔向校长坚持说："我外孙与普通儿童不同，自学阅读了大量课外读物，应给予特殊处理。"

但是校长坚决不同意。夏尔与校长吵了起来，最后，他生气地拉起萨特的胳膊，把他从蒙泰涅中学领回来，他和校长也从此不再有任何交往。

夏尔回来时一言不发，从皮包里抽出一张纸片扔在桌上。那张纸被墨水涂得乱七八糟，萨特一眼就认出来了，那正是他第一次听写练习课上交的作业。他不由得"咯咯"地笑出声来："在作业中，我完全是靠自己发明的拼音法来听写的。"

夏尔勃然大怒，有生以来第一次用严厉的措辞训斥了萨特："我看错了你！"直至吃晚饭时，他都余怒难消。

如果换了别的孩子，初入学校的这种失败也许会使其心灵受到极大震荡，而且这种创伤可能会影响他的一生。但萨特毫不放在心上，一直保持着没有感情冲突、没有心理负担的良好心态，一直满足于母亲的娇宠、外公的溺爱、周围人的重视，萨特幸运地与这种震荡和创伤无缘。

为了使萨特尽快地赶上同龄的正常小学生的文化水平，夏尔请来了一位家庭教师，这是巴黎市某校的教员，名叫李耶文。夏尔还特地为萨特买了一张专用的写字台，一个木板凳，每天，李耶文先生给萨特讲授课文。

这时，萨特端端正正地坐在板凳上，而李耶文先生则喜欢不停地绕着萨特的小书桌，边走边读课文。

时光荏苒，岁月如梭，转眼间到了 1915 年 10 月，萨特已经 10 岁零 3 个月了，再让他孤独地关在家里，怎么也说不过去了。夏尔已经渐渐地淡去了那次在蒙泰涅中学所受的"侮辱"，他自信地决定："换所学校就是了。"

这次，夏尔为外孙选择了从勒哥夫街出发步行 5 分钟就可以到达的亨利四世公立中学。经过注册、入学考试，萨特被安排在六年级。

但入学后第一次作文，萨特又落在了最后一名。他的文章内容过于丰富却错误不断，并由于乱七八糟、不合规格而难以卒读。

夏尔听了校方的说明，他的两条眉毛又皱在了一起。

安娜担心地暗暗观察着父亲，担心他一怒之下又会把萨特从学校领回来。于是，她私下带着萨特来到班主任奥维利埃老师的住处。

奥维利埃是一位年轻的小伙子，身材高瘦，两眼凹陷，面带蜡色，让安娜着实吓了一跳。安娜稳了稳心神，开始为儿子游说，她从来没有说过这么多话，她竭力说服老师：萨特的实际水平远远超出他所上交的作业所显示的，他早已能够阅读，还写过许多小说等。

奥维利埃听得很入神，临走时，他答应对萨特进行"督促帮助"。后来，奥维利埃把萨特的座位调到了最前排，由于总感到老师的目光盯在自己身上，萨特觉得老师仅仅是在为他一个人而讲解，不由得心里暗暗得意："他一定是喜欢我的！"

这种受重视、被喜欢的感觉产生了立竿见影的效果，萨特很快就成了一名相当优秀的学生。在第一学期末，老师给他写了如下的评语："优秀的孩子，但过于轻率，最初的回答几乎从来都不是准确的，必须训练做进一步思考。"

但是，萨特非常用功，不到一年的时间，他就取得了非凡的进步，在学年终了时，老师给他的评语是："全面优秀。"

到了五年级，萨特表现得更加才智出众，期末老师给他的评语是："在法语方面是全班的尖子。从思想开放的角度来看，他已经是搞文学的材料，并表现出很强的记忆力。"

以往，每当看萨特的考试成绩单时，夏尔总不免要"嘀嘀咕咕"一番；但这次，他再也不说什么了。

两年过后，萨特很快习惯了学校那种民主式的教学，并自发地矫正了自己潜在的家庭教育中的病态优越感，凭着雄厚的基础和超凡的领悟力渐渐地在同学中脱颖而出。

萨特为了完成繁重的学习任务，再也抽不出更多的时间像以前那样"疯狂"地写作了，把主要精力放在了逻辑分析、听写、算术等各门功课上。

现在，萨特的小脑袋瓜里已经装满了乘法表、地图册、历史知识、外语单词……而从前那些骑士的足迹、孤女的踪影都已无处可寻，写作似乎已经成为一个被渐渐遗去的使命。

然而，在萨特内心深处，一切都未改变。

有了入学前在卢森堡公园的那次失败的"交友"经历，当萨特踏入课堂的第一天就受到同学们欢迎时，这样一件极其自然、平常的事却让他受宠若惊。

萨特打开了心扉，很快，他就与同学们融为了一体，他们一起放声大笑、喊口号、说俏皮话。放学后，他们在伟人旅馆和让·雅克·卢梭的塑像中间的空地上打球，做各种各样的游戏。萨特生平第一次体会到集体的概念。

暑假来得真快，同学们依依不舍地相互道别。萨特最舍不得的是一个叫子斯·贝尔科的同学，他们已经成了最知心的好朋友。贝尔科是个长得很帅的孩子，体形纤弱，长长的黑头发梳成贞德式的发型，令萨特百看不厌。

但最让萨特着迷的，是贝尔科在课堂上回答老师提问时的风度。每次上课，他从不举手，但如果老师问到他，正确的答案就从他口中缓缓吐出，既不会稍有迟钝，也从不得意忘形。这种谦逊和天才让萨特大为惊异，简直佩服得五体投地。

贝尔科性格内向，不喜欢跟同学们来往，但却最能跟萨特聊得来。每当下课铃响了，他俩便飞快地跑到室内操场的一角，躲开嘈杂的人群，进行只有他们两个人的对话。同学们只看到他们很神秘又很兴奋的样子，却无人上前打扰，因为众所周知他俩是班上最博览群书的人。

萨特和贝尔科谈话的

内容主要是文学。他们相互交替着列举各自读过或了解过的作品。他俩痴迷于这种交谈，以致有时两个小家伙都没有听到上课的铃声。

一天，贝尔科用一种奇怪的目光注视着萨特，几次欲言又止。性急的萨特连忙追问原因："子斯，我们之间还有什么隐瞒的吗？"

贝尔科平日苍白的脸憋得通红。

在萨特再三追问之下，贝尔科才低声道出了他心中的秘密："我想……我想写作。"

萨特听了，真有如振聋发聩，不由冲口而出："我也想写作！"

两个少年的4只手紧紧地握在一起，两颗心在文静、纤弱的外表下狂跳不已。

可是，第二天，贝尔科没有来上学；第三天，第四天……贝尔科再也没有来过学校，萨特惘然若失。他四处打听好朋友的下落，一个声音击中了他："贝尔科得了肺结核，他快死了！"

那年年末，贝尔科死了。他的同学们跟在送葬人群的后面，哭泣着。萨特的眼泪从心底里流出来：他刚刚找到一个志同道合的知己，老天却马上把他夺走了。

萨特还看到了最残酷的一面，自己只是失去了一个朋友，而贝尔科的母亲却失去了一切，那位死了丈夫的裁缝，她省吃俭用地供儿子上学，她的一切希望都寄放在贝尔科身上。

"那么她未来将怎样生活呢？"想到这一点，一种恐惧感袭上了萨特的心头，使走在队伍中的他禁不住瑟瑟发抖。

贝尔科的死使萨特陷入了沉思，这是平生第一次让他感到：生活不仅仅是温柔和亲吻，它还有贫穷、疾病、不合理……

直至有一天，当萨特第一次看到新来的同学保罗伊夫·尼让的时候，简直不敢相信自己的眼睛：也是戴一副金属框架眼镜，也是略带鹰钩的鼻子，也是一副怕冷的纤弱模样——贝尔科回来了！

萨特又惊又喜，立刻无心听课了。下了课，他迫不及待地主动与尼让打招呼，很快，他们便熟起来。

尼让与萨特同岁，出生于法国中部卢瓦河流域的安德尔——卢瓦省的省会图尔市。尼让的父亲是一位工程师。

尼让没有贝尔科那种天才，尤其缺乏那种含蓄、优雅的风度。当他被激怒的时候，他并不与人争得面红耳赤，但却无法保持贝尔科那种处变不惊的气度。他所说出的也不全是真理，他甚至是班上唯一以讥讽的口吻谈论父母的人。

当然，尼让也有着类似贝尔科的许多优点，而且有萨特最看重的东西——他也读了很多书，他的未来理想也是当作家。

萨特由衷地喜欢上了尼让。

萨特和尼让常常在一起海阔天空地谈话，而他们两人争论时的情景最是滑稽。萨特从 3 岁起就患上了右眼角膜翳，继而引起斜视。恰巧尼让也患有斜视，两个斜白眼在一起，唇枪舌剑、口若悬河，自然是要引人侧目的。

萨特调皮地说道："不同的是，我朝外白，他朝里白，看起来更逗。"

遭遇家庭的变故

1917 年，萨特 12 岁了。在此之前，他的家庭生活主要由清静、闲暇、融洽与舒适构成，没有体验过创伤，也没有过任何心理负担。但就在这一年，当萨特即将从童年时代跨入少年时期时，他的生活被打乱了。

一切来得太突然了：母亲改嫁了！

在萨特的一生中，母亲是极其重要的人；尤其是在从出生至现在，母亲无疑是最重要的人。

父亲的早逝使萨特与母亲落难到外祖父家，从此相依为命。因为母亲温顺的天性，也由于外公对待女儿和外孙的方式，仿佛他们是一起长大的两个孩子，萨特从小就不把母亲当作一个应服从的长辈，而是把她看作是自己的大姐姐一样，相处得很好，形影不离。

家里有 3 间卧室，一间是外公的，一间是外婆的，还有一间是孩子们的，房间里摆着萨特和母亲的两张小床。当母亲感到难于应付外婆的挑剔、外公的严厉或自叹命运不济时，萨特总是懂事地倾听母亲的诉说，用他的小手抹去母亲脸上的泪珠，心里充满了爱怜之情。

每当这时，他会紧紧握住母亲的手，一本正经地说："妈妈，我保证将来一定会尽我的一切力量来保护您。"

萨特是母亲生活中的唯一中心。为了儿子能不受到半点儿委屈地健康成长，安娜做了她所能做的一切：小心翼翼地对父亲、母亲察言观色，对兄弟、亲戚也忍让顺从。她不放过任何一个对儿子可能有所帮助的机会。由于安娜的悉心照料，她把自己生活中一切的自由、闲暇、愉快，都让萨特在他的童年时期能够充分地拥有。

而日渐懂事的萨特越来越深切地感受到无所不在的母爱。

9岁前后的岁月是他童年最幸福的时候。因为此时，母子关系已经达到了前所未有的亲密，母亲称萨特为她的男伴；而萨特则对母亲没完没了地絮叨他的种种见闻和感受。朝夕相处还使母子俩形成了一种旁人无法懂得的默契。他们有自己虚构的故事、自己的交谈方式以及只在互相之间经常开的玩笑。

在某一段时间内，萨特在对母亲说话时所用的语言会具有某一固定的特点，如带上同一句口头禅，或用同一种句式。有时，他们竟然常用第三人称来指代自己。例如他在等公共汽车，可汽车到站却没有停，这时萨特就会对母亲嚷道："他们一边跺着脚，一边诅咒着老天爷。"然后两人便相视大笑。

这种默契不仅带给萨特和母亲无穷的快乐，更给了萨特无尽的信心，这种自信有助于他在未来的成长过程中无拘无束地发挥自己的潜能和个性。

然而，正当萨特沉醉在这种旁人难以体察的温情中时，忽然，母亲再婚了，另一个人猛然间夺走了完全属于他的，与他形影不离的伙伴、挚友、母亲。这是萨特有生以来第一个最沉重的打击。

萨特终日闷闷不乐，若有所失。因为母亲的再嫁，使萨特中断了他和母亲的亲密关系，他感到她出卖了自己，虽然他从未对母亲说过这一点。

安娜再婚的丈夫、萨特的继父叫约瑟夫·芒西，是一家车船制造企业德洛奈·贝尔维尔公司的土木工程师和执行董事。他又高又瘦，长着一只过大的鼻子，一脸黑乎乎的胡须，不过，他的一双眼睛很漂亮。芒西很能挣钱，从而让萨特和母亲开始过上了宽裕的生活。

但令萨特气愤的是，母亲改嫁后，再不与他合住在一起，而是把他留在外公家，自己与新婚的丈夫合住在另一套独立的公寓里。萨特认为这是"背叛行为"，他为此而伤心到了极点，并因此对芒西充满了敌意。

其实，芒西对萨特十分友善，他常常找机会接近萨特，并利用晚上教萨特学习几何。然而不论从感情上，还是从性格、爱好、思想观念上，萨特都与这个年近40的继父格格不入。

芒西从小就对于数理科学有着特殊偏好，后来毕业于巴黎综合工程学院。在他眼里，唯有数理化等自然科学才是人类智慧的结晶。出于这种对于理工科的近乎迷信的崇拜，他竭力主张萨特去学理工科，长大后做一名理科教师。

这种观念导致芒西非常不赞成萨特当作家的想法，对于萨特在写作上所浪费的时间十分痛心。他知道萨特一直在写些什么，但他对继子写的这些东西一点儿也不感兴趣，每当萨特把写好的东西拿给母亲看时，他总是一声不响地走开。

他私下对安娜说："一个人在十三四岁时就去搞文学是毫无意义的。"

但是，芒西并不公开责备萨特，这不仅因为年轻人容易产生对抗情绪，也因为萨特从来不把他当作真正意义上的父亲。

芒西对于萨特努力方向和前途设计的干涉，在独立意识越来越强，且一直潜藏着深厚敌意的萨特看来，暴露出继父想管教和控制自己的企图，他要强加给萨特一种从不曾领教过的东西——父权。

萨特知道继父的意图后，决定反其道而行之，不久，他宣布自己将攻读哲学博士学位。在他看来，选择哲学与其说是因为他觉得哲学最能揭示永恒的真理，不如说是因为学哲学能与继父作对。

表面上，这对父子的关系正常，萨特仿佛一切都听从继父的命令，让继父认识到他应有某些优越的权利。然而事实上，他们之间存在着根本的敌意，萨特经常故意反对继父所说的或者相信的一切。

1917年夏季，芒西当了德洛奈·贝尔维尔公司军舰建造厂的负责人，被调往一个沿大西洋美丽的有70000多居民的海港城市拉罗舍尔，安娜和萨特也一起搬出巴黎，随同前往。萨特被安插在拉罗舍尔中学四年级上课。

拉罗舍尔在法国历史上曾是新教的大本营，同法国传统的天主教相对抗。当萨特一家人在这个城市落户的时候，还能看到路易十三时期该市市长吉东率领全市新教徒而修建的、抗击天主教军队的古城堡。当萨特徘徊于古城堡的走廊时，他感到历史和生活的一致的残酷性。

从这时起，萨特感觉他开始了自己生活中最倒霉的阶段。与母亲的决裂、对继父的敌意以及陌生的环境使萨特在青春发育时期的这一危险心理格外突出。他现在尽量避免与家里人讲话，曾经是乖孩子、好学生的萨特突然间改头换面，变成了一个性情乖戾、近乎懈怠的"问题少年"。在学校里，他的成绩平平庸庸，个子没有长高多少，却开始学着和人打架。

而最令人不可置信的是，萨特竟然还学会了偷窃。

这天，萨特又想吃拉罗舍尔大糕点店卖的罗姆酒水果蛋糕了，他不想开口向母亲要钱，就悄悄地打开了母亲放在碗橱里的钱包，拿了一张 1 法郎的钞票。

此后，萨特的胆子越来越大，开始今天拿 2 法郎，明天拿 5 法郎。不知不觉，他已经攒了 70 法郎了。

有一天，安娜想把萨特的衣服拿去洗，突然，她在他的夹克衫口袋里发现了一大摞纸币和硬币，这自然引起了她的疑惑，她找到萨特问道："保罗，这些钱从哪儿来的？"

萨特吃了一惊，但随即就镇定下来，他搪塞说："这是我开玩笑从卡迪路那儿拿来的，我打算今天还给他。"

安娜将信将疑地看着萨特的眼睛，然后说："好吧，我来还给卡迪路。你今天晚上把他带到家里来，我问问他是怎么回事？"

事情很快败露了，安娜和芒西万分恼火，狠狠地责骂了萨特一顿。格外伤心的安娜甚至在一段时间内没有跟萨特说一句话。

不久，夏尔从巴黎来看望女儿和外孙，当他知道了此事，无法抑制心中的愤怒："我们家的人历来有体面、有品格，而现在竟发生了这种事！非教训一下这小子不可！"

不过为了不使萨特认为母亲和继父背后告状，夏尔决定采取另一种方法。

这天，夏尔故意当着萨特的面，让一枚 10 生丁的硬币掉在地板上。萨特为了帮助外公，就弯下腰寻找硬币。可是夏尔用一个严厉的手势阻挡了萨特。他自己俯下身子捡起硬币，衰老的膝盖"吱吱嘎嘎"地作响。然后他严肃地对萨特说："保罗，我认为你不配再从地上拾钱。"

这一举动大大地损伤了萨特的自尊心。

偷窃使萨特不再受欢迎，他感到自己变成了流浪儿。现在，他的暴力倾向更严重了，加入了一个专爱打群架的学生团伙后，他常常在大街上与其他团伙火并。

安娜为此伤透了心，甚至断言："这孩子怕是无可救药了。"

正当萨特的家人为他的误入歧途一筹莫展时，萨特自己开始厌倦了这种做差学生、当一名烂仔的感觉，并很快就主动走回了正道。

1919 年，他重新以满腔的热情和全部的精力投入到学业中。这年年尾，他的法文写作、拉丁文、德文等课程考试都拿了全班第一。

而且在此期间，萨特对文学的爱好在内外刺激下也越来越强烈。在他的头脑中，学校、家庭和社会生活的矛盾交织而成的经纬线已经自然而然地扎根下来，于是，构想了一部不同于《为了一只蝴蝶》和《卖香蕉的商人》的小说：《猫头鹰耶稣———一位外省教师》。

对哲学发生兴趣

1920 年，萨特由于成绩优异，母亲和继父爽快地答应了他想重返巴黎读书的请求。在拉罗舍尔中学念完二年级之后，父母把他送回巴黎外公家，在亨利四世中学上一年级。

年末，萨特的班主任老师极为满意，给了他如下的评语：

确实富有才华！

1921 年 6 月，萨特参加中学毕业会考，并通过了中学业士学位考试的第一部分。

第二年，是中学生活的最后一年，萨特经过努力奋斗，终于通过了业士会考的第二部分。他的哲学老师夏尔伯力耶非常赞扬萨特的哲学分析能力，写下评语：

优秀学生，具有严谨的思想，善于对某一问题进行论辩。

中学会考顺利通过后，萨特松了一口气。外公决定带他去故乡阿尔萨斯省好好过一个暑假。

萨特慢慢长大了，他完全懂得要实现自己的理想，现在必须全力以赴地打一个扎实的基础，以便能顺利读完中学课程，考取第一流的大学。

1922 年 9 月，萨特和他最好的伙伴尼让一起升入路易大帝公立中学的文科大学预备班，这是为了能顺利完成巴黎高等师范学院入学考试。就在这里，他终于下定了终身献身于哲学的决心。

确定萨特一生方向的决定性的导师是亨利·柏格森，直接引导萨特走入哲学王国的则是柏格森的《关于意识的直接材料的论文》。萨特看了这部著作之后，慷慨地说："哲学真了不起，可以教人认识真理！"

而且，柏格森对于物理时间概念的批判，尤其迎合萨特对他继父的抵制态度。在萨特看来，恰巧是柏格森论证了哲学之高于数理化科学的优越性：数理化科学至多描述和证明了常人所感受到的具体事物的规律，却距离哲学还差一大截。

另外，萨特还细心地阅读了叔本华和尼采的哲学著作。他发现，实际上叔本华、尼采和柏格森、陀思妥耶夫斯基等人的著作都贯穿着同一个主题，这就是对于自我的直接体验的推崇。

萨特深受鼓舞，他逐渐认识到：要认识真理，首先必须敢于否定一切现有的权威！

萨特的兴趣并不仅仅局限于哲学。他还广泛地涉猎了文学、历史、文艺理论的书籍。他在美学方面非常推崇浪漫主义的文艺理论，他还把他阅读哲学、文学、美学以及历史等著作的心得体会分门别类地记在笔记本上。

在大学预科的最后一年，萨特完成了他在拉罗舍尔时期就开始构想的《猫头鹰耶稣———一位外省教师》以及新作《有病的天使》。

《猫头鹰耶稣———一位外省教师》正式发表于 1923 年的《无题》杂志上，小说的人物和情节起因于他在拉罗舍尔中学读书时遇到的一位中学老师的真实故事。"猫头鹰耶稣"是学生们给这位老师起的绰号，这位平庸的老师在讲课时常受学生的欺辱，最后自杀。

萨特对此深表同情。

在这部小说中，萨特表现了他自小就具备的文艺才华。巴尔扎克古典主义文学的文笔跃然纸上。

《有病的天使》与《猫头鹰耶稣——一位外省教师》一样，也是以一位外省教师的遭遇为题材，叙述社会生活的不幸、灾难以及种种矛盾。

经过两年的大学预科学习，萨特满怀信心地准备着将在 1924 年 6 月举行的升入巴黎高等师范学院的全国会考。

巴黎高等师范学院历史悠久，负有盛名。在法国历史上，许多著名的作家、政治家、哲学家、历史学家都是这个学院的毕业生。在法国，高中毕业生要报考综合大学只要出示中学业士毕业文凭即可被录取，但是要报考高等师范学院以及其他高等理工学院，则必须首先攻读大学预科，然后通过全国会考，只有成绩合格者方可被正式录取。

结果，萨特和尼让双双以优异成绩被巴黎高等师范学院录取了。

萨特来到高等师范学院，就像生活在一个开阔的天地里。从踏入校门第一天起，萨特便因为从此开始了真正的独立生活而狂喜不已，他很快适应并热爱上了这种与同学们同吃同住的寄宿生活。

因为没有了拘束和日渐成熟独立，萨特的潜在才能得到了最大程度的发挥。在每个人眼里，他都是个勇敢而机智的学生。他的同班同学乔治·康吉廉评价萨特说："他以其幽默吸引了每一个人，他喜欢说俏皮话，喜欢激起大的轰动。"

同时，萨特批评起人来毫不留情面，因而获得了"官方讽刺小品"的头衔。加上在所有课程上出类拔萃，萨特很快成了人所尽知的明星式人物。

萨特之所以出名的另一个重要的因素是他的戏剧才能。

耶稣升天节这天，高师校园里万头攒动，一片热闹，学生们进行着各种各样的活动。萨特则参加了学生业余活报剧的演出，在《朗松的灾难》中扮演主角朗松。

一场戏下来，萨特立刻又成了戏剧明星，他在对白、表情等方面的表演才能令老师和同学大为惊讶，他们没有想到这个身材矮小，而且患有斜视的学生能把朗松扮演得如此惟妙惟肖。其实，这不过是萨特在幼时形成的表演才能的再次施展而已。

由于首演大受欢迎，《朗松的灾难》又不得不加演了好几次。此后，萨特成为学校话剧团的常任演员，在一次次演出中展露才华。

最使萨特高兴的是尼让再一次成为他在高师的同班同学以及同宿舍的室友，两个小伙子很快发展了比以前深得多的友谊。现在他们不再只是谈谈自己读过的作品，构想一下未来的作家梦，而是投入了为实现这个梦而进行的实质工作。

萨特和尼让常常一同出入图书馆、书店，大量地阅读各种文学作品，而后进行广泛而深入的交流与讨论。

不到一个学期，两个小伙子的文学鉴赏力有了质的飞跃，并已形成了各自对于文学本身的看法。

萨特最钟情陀思妥耶夫斯基和托尔斯泰的作品，因为他们对于人类永无休止的心灵冲突表现得无与伦比的深刻而细腻；尼让则更喜欢读当代法国文学的杰出作品，比如让·吉罗杜描写青年作品的构思精致巧妙，安德烈·纪德的异教徒价值，瓦莱里·拉博作品中的异域感受和保尔·莫朗作品中隐含不露的独创。

同时，尼让还使萨特注意到了文学技巧问题。每当发现一部令人拍案叫绝的作品，萨特或尼让都会压抑不住内心的兴奋，找到对方一吐为快。有时，两人会因意见不合而争执不下，最后便会去拜望那些他们所认识的高年级同学，或者到图书馆去查相关的书籍寻求答案。

随着阅读的日益广泛，他俩慢慢地知道了康拉德以及许多现代的文学大家，共同的学习使他们在文学见识上不断拓展。

由于萨特和尼让是那样志同道合、亲密无间而又同样地出类拔萃，同学们便戏称他俩为"尼特"和"萨让"。

不久，另一名"文学三剑客"之一埃尔博又加入了萨特和尼让这一对铁哥们的生活圈子，从而形成了巴黎高师著名的"神秘小组"。

埃尔博有突出的下颚、使人敬畏的肌肉和骨骼，最吸引人的还是他纯真的微笑。他也非常喜爱紧张的脑力工作和作家的职业。不过从才华和对于未来理想的奉献精神上，比尼、萨两人要略逊一筹，但他的善解人意和丰富的社会经历则弥补了这些不足。

现在，这三个家伙越来越让同学们感到好奇。他们特立独行，排斥异己，不再和其他同学来往。他们从来不去上必修课，选修课也只挑几门去上。每到上课的时候，他们总是坐在远离其他同学的地方。

每到考试来临，他们却经常出没于郊外的咖啡厅和酒馆，或者钻进尼让的小汽车，整个下午在"奥尔良娱乐公园"玩弹球机和微型足球。他们一边走，一边旁若无人地哼着流行小调。

另外，每当新生入学，他们总是带头"戏弄"新生，有时甚至不近人情。因此他们还以"粗暴"闻名。

但无论他们或善或恶，同学们总是把这三个人的名字挂在嘴边：萨特风度一流，但却是三人中最可怕的一位，他暴躁易怒，并酒量过人；尼让已经结过婚了，但他故意不修边幅，那眼镜后面的目光，简直可以杀死人；埃尔博是一个标准的感觉论者，他温文尔雅，有着令人无法忍受的嫉妒心。

"三剑客"不仅给同学们提供了丰富的谈资，也不时让大伙恼怒不已。

一次，他们把科克托的"欧仁的宇宙论"加以改造后，进行实际运用。他们认为自己属于最高的等级，而把其他同学"证据确凿"地定位到最次的范畴中。许多同学对他们的分类提出了异议，试图让他们收回这种恶作剧，然而谁又辩得过这巧舌如簧且哲学理论功底深厚的"三剑客"呢？

1926 年，"三剑客"筹备撰写一个电影剧本，剧情取之脍炙人口的民间故事《胡萝卜皮》。在讨论中，萨特提出了非常中肯的意见：

"剧本的重点是人与人之间对温存的需求。"他抓住了老百姓在这个故事中所要表达的基本情感，那就是人与人之间的相互关怀。

萨特对故事中女主角的苦难遭遇给予深刻的同情。

对于萨特而言，巴黎高师4年求学生涯的最大收获应该算是培养了他对哲学的兴趣。

萨特对于柏格森关于意识的独到见解十分入迷，并进行了进一步的研究，后来就"绵延和意识"问题写了一篇长长的哲学论文。由于论文立论深刻、论证严密，哲学老师给了少见的高分，并从此对萨特刮目相看。

老师的褒奖更点燃了萨特对于哲学的热情。这一时期，马克思主义和弗洛伊德精神分析学已经慢慢地传入法国，萨特如饥似渴地继续阅读他们和许多伟大哲学家的著作，并按照字母顺序记下了他在读这些艰深作品时的感受和看法。

萨特对于前人哲学思考的成果不是不加批判地兼收并蓄，而是在透彻理解的基础上有选择性地纳入自己的知识体系和思想结构中，他读马克思主义时十分吃力，也不甚赞同。他不喜欢弗洛伊德，认为他的有关无意识心理论集中体现了机械论决定的倾向，有神秘主义化的危险。但是，弗洛伊德对于梦、潜意识的分析，仍然吸引着他。

在此过程中，萨特仍积极从事写作，他写了小说《一次失败》，小说情节的发展颇受尼采和音乐家瓦格纳的浓厚友情的启发。小说由巴黎加里玛尔出版社出版。

同时，萨特应《国际大学》杂志的请求，写了一篇论法律的论文：《法国近代思想史上关于国家的理论》。在论文中，萨特显示出他不仅精通一般哲学理论，而且精通关于国家与法的理论。他收集了法国近代思想史上著名的法学理论家，特别是豪里奥、达维和里昂·杜桂的法学理论。这篇论文一经发表，立即被译成英文和德文传到国外。

由于萨特博览群书而又勤于思考，至大学四年级时，他的思想已经远远超出了当时巴黎高师所教的哲学。大学四年级那年，当时最有影响的《新文学》杂志曾发起过一次"当代大学生调查"，萨特给编辑部写了一封信，详细阐述了他的见解。

这封信引起了杂志社的重视，称赞其"很有见地"，以很大的篇幅刊登，并在后一期《新文学》中就此发表了长篇专论。

取得高等教育文凭后，萨特在高等师范学院的后两年的主要任务是准备考取中学哲学教师资格的文凭。在法国的高等教育文凭等级系列中，中学哲学教师资格文凭相当于一般的哲学博士学位。而高等教育文凭则相当于硕士学位。

1928 年，萨特急于毕业，匆忙交出毕业论文，但是成绩出乎意料地低劣：排在第五十，名落孙山。这简直是难以置信！每个人都对此大为吃惊，因为很久以来萨特都是无可争议的第一名。

原来，此次笔试的题目是"论想象"，早在一年前，哲学教授德拉克鲁瓦就给萨特的论文《心理生活中的想象》打了"优秀"。在这篇论文中，他系统地阐述了自笛卡儿以来的想象概念。可考场上的萨特不愿老调重弹，决定另辟蹊径，重撰论文，没想到突发奇想的结果却是惨败。

从此，萨特吸取了教训：做任何事既要"推陈出新"，却千万要避免"别出心裁"。这次失败带给萨特一个非常严重的后果：他不得不复读一年等待来年再考。

结识有个性的女友

1929 年，萨特已经 24 岁了，他必须在这一年完成毕业论文并通过口试，这是他结束学生生活而走向社会的重要一步。

复活节假期结束了，星期一，同学们又回到了校园。巴黎高等师范学院的索邦校区内开满了百合花、金莲花和红山茶。小别之后的同学们三三两两聚在一起交谈、讨论或打闹，校园里一派热闹、喧哗。

萨特在这一群生气勃勃的学生中尤其突出，他头戴一顶滑稽的帽子，正情绪激昂地高谈阔论。他的谈话对象是一位比他高半头的女同学。也许萨特的见解过于玄妙高深，这位可怜的女孩听得一愣一愣的。萨特很快离开了她，他无法忍受自己的精辟议论得不到共鸣。

很快，人群中又响起了萨特那为人所熟悉的尖锐的声音：他又和另一位长得漂亮多了的女同学侃上了。但是这次，这位女同学却不似前面那位只知洗耳恭听，而是唯恐自己没有表现的机会，咄咄逼人地与萨特展开了争论，这种架势使得萨特有些尴尬，不多会儿工夫，他俩吵翻了。

萨特走到了教室的一角，孤独地坐下来，抱着脑袋一个人生着闷气。

而在这时，一位穿着黑衣、同样戴了一顶可笑的绒帽的高个子蓝眼睛的姑娘一直站在离萨特不远处，她始终十分留意地注视着萨特，目睹着萨特的遭遇，不禁面露微笑。

这时，"三剑客"之一的埃尔博走过来了，他走到那位姑娘面前，抓住她的手，带她穿过人群来到萨特面前："萨特，这就是我经常对你说起的，对莱布尼茨了如指掌的西蒙娜·德·波伏娃。"

萨特抬起头，凝视着这位略显与众不同的姑娘。

波伏娃比萨特小 3 岁，也出生于法国巴黎拉斯佩尔街的一个小资产阶级家庭。父亲乔治·德·波伏娃是位思想保守的法庭秘书，但他对于戏剧有一种天生的热爱。母亲弗朗索瓦丝·德·波伏娃出身于富庶的外省银行家庭，姿色动人但个性倔强。

父亲的影响和天生的喜好，使少女波伏娃阅读了大量的文学作品，并在父母熟睡后偷看布尔热、都德、莫泊桑等人所写的"禁书"。

当波伏娃读了奥尔科特、艾略特等杰出女作家的著作，并了解了她们的生平后，她立志毕生走写作之路，并发誓要在人类文学史上占一席之地。

尽管波伏娃叔叔、舅舅家的女儿都慢慢出落成大家闺秀，但她却无意做一个传统的淑女。随着年岁的增长，她越来越反感资产阶级的种种道德规范和社会习俗，尤其是女性所遭受的极不合理的待遇。虽然父母已经将她许配给了表哥，但她心里一直作着抗争。

波伏娃发奋读书，渴望早日脱离家庭的束缚，赢得自立，从而走上自由发展个性的道路。在一个人独自奋斗的道路上，波伏娃常常因找不到方向、看不到前途而苦恼不已。

如今，21 岁的波伏娃是索邦大学的学生。两年前她以优异的成绩获得了"普通哲学学士证书"。

尽管波伏娃学业优秀，但是她一直难以摆脱那种由来已久的心理压力，由于找不到同路人，她不知道自己所选择的路是对是错。

就在几个月前，波伏娃最要好的女朋友被资产阶级的偏见和陋习扼杀置死了。波伏娃痛心疾首："为什么这样丑恶的社会没有人起来反对呢？"

紧张的考试越来越近了，就在波伏娃全力以赴地为这次中学哲学教师资格考试进行准备的时候，一个偶然的机会，她认识了学院"三剑客"之一埃尔博，埃尔博十分喜爱这个聪慧、秀丽的姑娘，他常常跟波伏娃谈到他的另两位哥们。波伏娃对这个神秘的三人小组充满了好奇，而对于萨特，更是仰慕已久。

由于祖父刚去世不久，波伏娃正在服丧，因此那段时间她只能穿黑衣。

没过几天，萨特和波伏娃这对新结交的朋友就形影不离了。波伏娃发现，萨特正是她理想中的伴侣："萨特具有双重性。在他身上，我发现了自己所有狂热的怪癖，我总能同他分享一切。"

而萨特则欣喜地发现，波伏娃是上帝赐给他的独一无二的对话者，最佳的游戏伴侣。他感到她有些让人不可思议，因为她既有男人的智力，又有女人的敏感。

于是，同学们很快就发现，萨特现在只跟一位高挑的穿着黑衣服的姑娘在一起，他们常常肩并肩地坐在索邦大学某一自修教室的窗台上，各自阅读着莱布尼茨或尼采等人的著作。而有时，他俩在校园里来来回回地散步，嘴里在无休无止地不知说些什么。

除了就各类问题进行讨论外，萨特和波伏娃最喜欢一边散步一边做各种各样的口头游戏：包括种种讽刺戏谑的模仿、寓言、民歌、儿歌、讽刺短诗、情诗、即兴诗、短寓言等，其乐无穷。童年的快乐和轻盈又回来了！

在"快乐和轻盈"的不经意间，大考之日到了。

1929 年中学哲学教师文凭会考的题目是"自由与偶然"，这对于4 个年轻人来说实在是驾轻就熟。萨特、尼让、波伏娃都略加思索后便奋笔疾书。

走出笔试考场，同学们又得马不停蹄地进行口试的准备。波伏娃仍然和"神秘小组"在一起，小组的聚会地点多是萨特的房间，那里总是烟雾缭绕，物品凌乱地堆放着。萨特毫不吝啬地花大把大把的时间来为其余三人讲解教学大纲上的内容；而波伏娃、尼让、埃尔博则把各自最了解的课题作彻底阐述。

不过，更让他们快乐的还是那些忙里偷闲的时光：每到下午，4个人便挤在一辆鱼雷形敞篷汽车里绕着巴黎城兜风，然后有时也到附近的酒吧间吃三明治，喝咖啡。

他们一会儿来到师范学院的学生宿舍里，在途中，埃尔博和萨特往往情不自禁地哼些小调甚至放开嗓子大唱特唱，像醉汉一样地放肆。他们还用笛卡儿的《沉思录》的语句编成短曲，反复地唱："啊，上帝啊，再说一遍，如果他存在的话。"

波伏娃赞叹说："保罗，你有一副好嗓子，是唱喜剧的好材料！你比埃尔博更有趣。"

有时，尼让会带大伙儿到有名的花神咖啡馆，那儿聚集着加利玛尔出版社旗下的几乎所有文坛新人。他们开怀畅饮着鸡尾酒，一边连着数小时天南地北地神聊，话题从抽象艺术到美国西部片，再到时下轰动影坛的法国明星。每逢兴致高昂时，萨特总是用他那漂亮的男高音唱流行的爵士歌曲，一行人不到深夜不归。

公布笔试成绩的日子到了。

这是一个美丽的秋日，巴黎高等师范学院披上了金黄色的盛装，但这也是一个不平凡的日子，一批年轻人的命运要在今天决定。

萨特和尼让胸有成竹，一大早就跑去看榜了。波伏娃有些忐忑不安，虽然心急如焚却迟迟不敢去看成绩。结果是令人兴奋的：萨特考了第一名，波伏娃考了第二名，尼让的成绩也不错……但埃尔博落第了。

分手在即，4个年轻人黯然神伤。

一天，萨特对波伏娃冲动地说出了似乎在心头压抑已久的一句："从今以后，我将负责保护你。"

波伏娃并不觉得突然，因为口试的准备阶段使两人的感情已经很深了。尽管日子并不多，但他们天天在一起，更重要的是，他俩不断地发现彼此在志趣和思想上的共同之处，并越来越使对方着迷。

虽然有千般的不情愿，但口试的结束就意味着分离的开始，因为波伏娃马上要随家人到法国南部的里莫辰去度假了，而萨特也预感到不久后就要服兵役。一对年轻人焦虑不安，为即将到来的分离，为未来生活的安排。

眼看波伏娃一家出发的日子临近了，两个年轻人暗暗商定：萨特将以写作为借口也去里莫辰度假，到了那儿后再见。

波伏娃最后坦率地告诉萨特："不过，我要首先了结与表哥的以往关系。在我与表哥的事情尚未彻底了结以前，在里莫辰的相会只能采取半秘密的形式。"

8月，萨特如期赶到里莫辰，住在离波伏娃一家不远的一个旅馆里，计划在那里住12天。很快，他们相会了，从巴黎就已经开始的对话又顺畅地继续下去。

每天清晨，其他人还在酣睡，波伏娃已经偷偷地溜出家门，她一阵风似地飞快穿过朝露未干的草地，来到丛林中的一棵小树下。

萨特早已在这儿等着了。

他们久久地散步，他们要谈的东西实在是太多了：书籍、朋友、生活、哲学，当然还有前途。他俩不时爆发出响亮的笑声，说话声时高时低。

时间随着这些海阔天空的谈话而显得异常短暂，不远处拉格里耶尔城堡的钟声提醒他们用午饭的时间到了。波伏娃连忙赶回去与家人一起吃饭。萨特则在一道树篱下坐下来，吃波伏娃的那位欣羡各种浪漫故事的表妹玛德莱娜偷偷地从家里带出来的香料蜜糖面包或奶酪。

不一会儿，萨特又可以看到从远处飞奔而来的波伏娃的身影。整个下午，他们又在一起继续着上午讨论的话题。

可到了第四天，当他们在一块草坪边缘促膝而坐时，忽然，波伏娃脸色大变：她的父母直冲他们而来。

波伏娃的父亲乔治婉转地提出了他们的要求："请萨特先生迅速

离开此地。因为人们已对波伏娃的‘不端行为’议论纷纷，她以后是要嫁给她的表哥的，现在却每天去和一位陌生的男青年约会。我们不愿那种风言风语继续下去。”

萨特根本无法理解这种世俗之事，抗议说：“我们是在专心地讨论工作，并没有妨碍任何人。你们不用再多说了，我决不会提前一刻钟离开的。”

波伏娃的父母见好言相劝没有作用，只好把波伏娃带回去。不过，看到女儿愤怒的表情，他们也没有再为难她。

到了下一个星期，萨特和波伏娃选定了栗树丛中另一处更为隐蔽的地方，仍然每天约会。

他们坚持着这种神秘约会直至月末，萨特才离开里莫辰回到巴黎。但之后，他们仍然坚持经常通信。

教师的生涯

　　因为我们毕竟有选择的自由，我们在苦恼中意识到自己的力量，意识到可以把事物写成我们创造未来的工具，并赋予事物以一定的意义。

—— 萨特

应征入伍服兵役

1929 年的秋天来到了。

秋天，是巴黎最美丽的季节。这个秋季的巴黎分外金黄，满天都是飘飘洒洒的梧桐树叶，它们悠扬地飞舞着，仿佛在共奏一支无声的抒情乐调，或仿佛在向你款款诉说心曲。

多数的巴黎人重又投入了紧张的工作，他们无暇欣赏这美丽的秋日，在一些人眼中，秋天的巴黎似乎年年如此，今年与往年没有什么两样。但在萨特和波伏娃这一对年轻人眼中，却认为这是他们一生中最美丽的秋天：一对好朋友终于又能在一起了。

现在，萨特从继父那儿搬到了住在圣雅克街上的外公家；波伏娃也已经了结了她与表哥的关系，不再与父母同住，而是搬到了丹佛尔街一幢没有电梯的五层楼上的祖母家里，虽然要付房租给祖母，总算是有了属于自己的房间。

但是这时，萨特应征入伍的通知单所规定的报到日期日益迫近，他们将不得不再次分离。

离愁使这段相聚的时光格外值得珍惜。每天清晨，一对年轻人分别从自己的住处赶往卢森堡公园会面，然后便依偎着坐在一个石雕像下面的排椅上，久久地说着

四周一片寂静，偶尔传来几声无力的蝉鸣，金黄色和灰色相斑驳的光线洒在他们身上，不时有几片落叶扫过他们热切的面庞。时间仿佛静止了。

但是在不知不觉中，夜幕陡然间就降临了。两人不得不走上回家的路程，但仍在说个不停，他们不仅谈他们的恋爱关系，谈得更多的是他们将来的生活以及还未曾动笔的书。在约定明日的见面时间后，两人依依不舍地分手了。

一天傍晚，萨特和波伏娃散步了很久，后来走到卢浮宫，在一条石凳上坐了下来。在对彼此都有了几乎是全部的了解后，到了该明确他们之间应该建立一种怎样的关系的时候了。尽管对于两人的关系问题各自都思考了很久，也不时触及这个话题，但却从未真正认真地谈它。

而对于两位哲学博士而言，任何含糊不清的诸如恋爱关系、朋友关系、特殊朋友关系……都起不到界定和规范彼此的作用。他们必须建立一种两人都推崇的、界定十分明确的关系，或者说契约。

萨特先开口了："我们签个为期两年的协议吧！波伏娃，这几天，其实我一直在考虑这个问题。"

波伏娃凝视着萨特等着他说下去。

萨特接着说："听我说，在未来的两年中，我们不必住在同一个屋檐下，但可以尽可能地亲密地一起生活。然后，我将到日本去谋个教职，在那儿待个两三年。对了，波伏娃，我建议你也去国外找份工作。两地分居几年之后，我们将在世界上的某个地方再次走到一起，重新开始一种或长或短、或多或少的共同生活。当然，那需要我们继续签订协议。"

原来萨特知道，他从军以后，就要接受中学教师职务的委任状。但他从内心里并不喜欢当中学教员，他的外公、舅舅以及他在拉罗舍尔所见到的中学教师的情况使他本能地想要躲避教员的生活。恰好他在报纸广告上看到"法文协会"在日本的分校正聘请法语老师，他便投书应征了，同意从 1931 年 10 月起到日本教法文。

波伏娃低下头，深深地思考着。

最后，萨特强调："波伏娃，我们这一协约中最重要的原则是：双方不仅绝不能互相欺骗，而且不应该互相欺瞒，两个人的生活、思想对于双方来说应该完全是透明的。"

对于这样一个匪夷所思的提议，如果换了别人，一定会被吓跑的，至少一时无法接受。但波伏娃脸上毫无惊异之色，她只是一句不漏地仔细听，偶尔抬起眼睛，深情地望着萨特。

通过他们之间太多太多的交谈，波伏娃已经对萨特的人生观、世界观、爱情观了如指掌。由于自小特殊的成才环境，萨特从未形成那种传统的家庭概念，一直排斥婚姻生活。

随着哲学钻研的深入，他越来越信奉自由，认为婚姻是对人的一种桎梏。因而萨特决不愿使自己束缚在一个女人和一次恋爱事件上。

萨特说完了，他看着波伏娃，静等着她的回答。

波伏娃沉思良久，嘴角浮出一个神秘莫测的微笑："保罗，我决定接受这一契约。"

萨特显然也并不太惊讶，但他仍想听听波伏娃的解释。

波伏娃说："尽管这个契约对我具有挑战性，但我深信自己可以像一个男人那样独立地生活，在经济上和思想上都不依赖任何人。尽管想到未来的情况，我有些胆怯和担心，但是我相信你，如果你定下了约会的时间和地点，不论身处多远，你都会一分不差地赶到那儿。所以我决定接受这一切，既然两人相爱，就应容纳彼此的全部。那种以感情以外的东西来维系的关系又有什么意义呢？"

转眼到了 11 月初，萨特前往凡尔赛附近的军营报到，被分派到圣西尔军校服兵役，而波伏娃则被任命为马赛一所公立中学哲学教师。

分别的日子来临了，同时两年的协约开始生效了。

在圣西尔军校的头一段日子，萨特很不适应。出于对任何思想、行为上的限制的反感，他是个不折不扣的反军事主义者，但又无可奈何。

幸好，萨特在这里遇到了他巴黎高等师范学院的师兄雷蒙·阿隆，他已经是一名中士教官。雷蒙不仅是可以谈得来的对话者，他还教了萨特一些有关气象学的知识。

在圣西尔军校留驻一个多月后，上级调任萨特到中部图尔市郊区的圣先火良镇看守气象站。萨特经上级批准，在气象站的一间楼房里安居下来。从此，在正常的假日之外，上级还批准萨特每个月有一周的假期。

萨特到那里之后，马上感到自己的工作十分可笑：每两小时摇动一下风速表，把测得的风力情况通过电话告诉另一处气象站。如此简单、重复而看不出太大意义的工作，令萨特十分烦闷。

当此情况下，萨特唯有不停地看书，才能度过这枯燥的岁月。

所幸，波伏娃几乎每个星期天都赶来看他，每次随身携带的必有一大包书。波伏娃成了萨特与书、与外界联系的纽带。萨特利用假期大量阅读小说和其他文学作品。

而且，每到 8 月放假的日子，波伏娃会在离气象站不远的一个小客栈住下来。天气晴朗的日子，他们会在处于气象站和客栈之间的小山上会合。河水"哗哗"地流着，阳光暖暖地照着，两个年轻人各自入神地读着书。旁边散放着饼干、巧克力和饮料。

突然，萨特会跳起来，一把抓住波伏娃的胳膊，兴奋地说："我又有了一个新理论！"

在听了萨特一阵侃侃而谈后，波伏娃往往会眉梢一挑，然后发出一连串疑问。有时，萨特的解答会令她满意，有时，两人就争论起来。

他们俩在假期中也利用空暇时间去见见亲友，比如雷蒙·阿隆、尼让及其妻黎列德，以及波伏娃的妹妹埃莱娜和史德发·菲尔南德两夫妇等人。尼让的弟弟是电影副导演，所以尼让常在星期日邀请萨特与波伏娃到他家的花园里一起看电影。

萨特尤其喜欢看电影，他从小就着迷于电影，但那时电影还处于无声电影的襁褓阶段。而这时，他已经能欣赏希区柯克导演的《勒索》等有声电影了。萨特甚至把电影艺术放在同文学一样高的地位上，他密切地注视着电影艺术的重大进展，观看电影成了他的精神生活的一个重要组成部分。

此外，萨特和波伏娃还访问高等师范学院的老同学皮埃尔·巴尼耶及其朋友勒梅尔夫人。

这段生活的收获实在不小，就在这座小山上，萨特完成了独幕剧《埃庇米修斯》和一部长篇小说的论文形式的开头——《关于真理的传说》。

《关于真理的传说》是萨特第一次尝试用故事的方式来展示自己的思想，在这篇论文中，他将认识过程中形形色色的思想与两个社会集团之间结构上的差异联系了起来。

思想自由的创作和波伏娃的陪伴，使萨特并不痛苦地完成了他18个月的兵役生活。

总算不用再住在那个拥挤、黑暗的小屋里了，本该喜气洋洋的萨特却垂头丧气，因为两年前申请的东京讲师的职位已被他人获取了。这真是一个不小的打击，因为萨特实在想去看一看法国以外的世界了。

1931年2月，本来上级建议萨特当士官生，但他拒绝了继续服兵役。这时，恰好勒阿弗尔市中学急需哲学教员，于是萨特立刻就走马上任了。

时光荏苒，萨特与波伏娃的恋情日渐加深，彼此间都感到更为了解、更为需要。可是，马赛与勒阿弗尔相距 300 多千米，面对这种时空距离，这次，波伏娃和萨特都有些惶惶然了。

萨特能体会到波伏娃内心深处的焦虑，于是他建议修改他们的契约："我们结婚吧！这样，分居两地的夫妻可以调到同一城市工作。为什么要为了一个原则而去折磨自己呢？那是否有些愚蠢？"

波伏娃低头不语。

萨特进一步劝说："而且即使结了婚，我们也可以保持我们各自固有的生活方式。"

最终，23 岁的波伏娃还是拒绝了萨特的求婚："不，亲爱的，尽管我深爱并热切地希望和你在一起，但我知道，你从不愿加入已婚男人的行列，我尊重你的志愿和原则。我知道，你做出这样的让步，仅仅是为了免除我的担忧，所以，我选择我们再次接受挑战。"

不仅如此，更加成熟了的萨特和波伏娃决定重温并修改一下他们的两年契约。他们废除了其临时性，而将其期限一直持续到生命的最后一刻。他们放弃了各自到国外去居住一段时间的想法，而建立一种更紧密、更难舍的关系。在这种关系中，只允许彼此有短暂的分离，而不允许有长时间的天各一方。

从此时起，波伏娃和萨特始终如一地遵守着他们的爱情契约。他们甘愿放弃一切不属于自己的东西、一切不真实的东西，而一起去体验一种挑战的爱情，一种冒险的爱情，一种自由的爱情。他们仍然没有关于永久忠诚的盟约，只是把一个人对另一个人的绝对坦诚作为他们爱情的基础，以相互的理解、支持作为他们爱情的坚强后盾。

在勒阿弗尔中学任教

1931 年 2 月，萨特来到勒阿弗尔中学，成为一名哲学老师。

萨特对这个城市很喜爱，和拉罗舍尔一样，勒阿弗尔市是一个海港，但它比拉罗舍尔大，有 20 万左右的居民，是全法国仅次于马赛的第二大港。地理位置也比拉罗舍尔重要。它处于塞纳河口，是距巴黎最近的海港。它的西北部隔着拉芒斯海峡与英国遥遥相对。

作为一个哲学家和作家，萨特很注意了解勒阿弗尔市的历史和文化传统以及风土人情。

直至中世纪末，勒阿弗尔还只是一个沿海的沼泽地，人们只经营些晒盐业，当时的国王弗兰斯瓦一世决定在这里建立一座城市，所以人们最早把勒阿弗尔市称为弗兰斯瓦市。

在 16 世纪天主教与新教发生战争时，这里的新教徒曾求助于英国，因此，在 1562 年至 1563 年间，英国人曾占领过这座城市。城里还保留着早期的教堂和修道院。萨特经常去参观最古老的格拉维尔修道院和画家布登的印象主义作品博物馆。

萨特非常喜爱勒阿弗尔市的林荫道，他在给波伏娃的信中说：

我对于偶然性问题的哲学思考，有时就是在福煦林荫道的栗子树下进行的。假如西班牙布尔哥斯市的圣玛丽教堂使我懂得什么是真正的教堂，那么勒阿弗尔市的林荫道就是使我有生以来第一次领会到什么是真正的树林。

不过，教师这个职业有让萨特不满的地方：强制性的纪律、等级森严的制度、清规戒律以及毫无创造性。而且，由于他现在必须完全靠自己那点微薄的薪水度日，因此生平第一次体会到了什么叫贫困。

另外，勒阿弗尔这个海港城市大部分时间阴沉、多雨，波伏娃远在千里之外，大学的同学、朋友都在巴黎，一种难言的落寞、孤独感常常涌上萨特心头。

不过萨特深深懂得：环境可以毁掉一个人，也可以造就一个人；逆境可以使人消沉下去，也可以激人奋发向上。因此，就在这种深深的失落中，他把自己投入了写作和如饥似渴的阅读之中。

他以激动的心情欣赏塞林的小说，高度赞扬塞林在使用语言方面的大胆独创精神，对他巧妙地、大量地应用口语，特别是使用民间方言、行话、黑话和暗语方面的成果给予很高的评价。

他在给波伏娃的信中说：

> 看塞林的小说简直就是直接地被召唤到现实生活的活生生的场面中去，被放置在活灵活现的典型人物之间。在看过吉特、阿兰和瓦勒利的严肃的作品之后，看塞林的小说简直是最大的消遣和休息！

萨特还大看特看海明威的作品，并在自己后面的小说中深受启发。他随身带着手稿到勒阿弗尔时，开始了真正的写作。

在任教期间，萨特开始认真思索关于"偶然性"的问题。还在幼年时，萨特就对这个概念有着浓厚的兴趣，他常常呆呆地这样想：我来到这个世界上，没有已知的原因，也根本无法预见，因此自己的一生在一定限度内是偶然的，进而每个人的存在都是偶然的。

这时，萨特对"偶然性"的思考不再停留在感悟这一肤浅的层面，而是将其放入到他已形成的哲学体系中。

萨特与波伏娃仍然频繁通信，除了谈对彼此的感情，信的内容中更多的是交换双方现阶段的思考结果、所遇到的疑难以及未来的写作规划。从 1931 年暑期至 1933 年时期，两年之间，他们写了成百封信。

在写给波伏娃的一封长信中，萨特把自己对于"偶然性"的思考进行了详尽的阐述。他还说要以一个名叫安托万·罗康坦的外省学者的深思为载体，写一篇"论偶然性"的长篇论文。

很快回信来了，波伏娃对他的想法完全赞同，并建议干脆写成一个关于这个外省青年的故事，并注意多设置一些悬念，正如侦探小说中常常出现的那样。

萨特接受了波伏娃的提议，立即着手写这部小说。他决定全部用安托万的日记组成这部小说。从此，萨特开始每天记日记，并构思他的这部小说的基本思想。

1931 年的第一学期末，勒阿弗尔中学组织电影评奖活动，在 7 月 12 日的发奖仪式上，校长阿尔伯特·杜博斯克先生请萨特发表学说。萨特的论电影的演讲立即被转载于勒阿弗尔市的地方报纸上。

萨特对于电影的评价同当时许多著名人物对于电影的悲观论调正好相反，表现了他对于年轻的电影艺术所寄托的无限希望。

每一个假期，不论长短，萨特总是和波伏娃一起度过，他们会精心安排：如果休假时间短，他们就只看望一下波伏娃的妹妹，如果休假时间长，他们就会去拜访他们的朋友：尼让、阿隆、杜林、卡米耶……而每到夏天那个长长的假期，他们总会去国外旅行：西班牙、摩洛哥、英国……到处留下了他们流连忘返的足迹。旅行使他们心旷神怡，而且观赏各地的文化风土人情。

从 1932 年下半年起，波伏娃从马赛被调职到离勒阿弗尔不远的卢昂市。从卢昂到勒阿弗尔坐车只需一小时，这样一来，他们俩可以更多地利用周末时间相会。

这年暑假，当萨特与波伏娃同往威尼斯和罗马等地的时候，正是墨索里尼在罗马举办大型法西斯博览会期间。墨索里尼为了招徕外国游客，宣布全国铁路票价降价70%。萨特和波伏娃都看到了法西斯势力在意大利的巨大影响。

在这个时期，世界的政治和经济局势正处在大动荡的关键时刻。德国、意大利法西斯势力剧增，第二次世界大战的火苗已在欧洲最危险的地方，在法西斯战争的温床里燃烧起来了。希特勒已经上台，墨索里尼则步其后尘在国内煽动对外扩张的野心。

不过萨特和波伏娃对政治并不感兴趣，他们到了威尼斯市内的博物馆，那里正在举行文艺复兴晚期画家勒丁多烈的艺术作品展览。两个人被勒丁多烈的 3 幅巨型油画《圣马克的奇迹》久久地吸引了。

萨特和波伏娃一方面沉湎于他们的爱情，另一方面深思着他们将要着手的未来著作的基本思路。萨特特别关注他的未来创作的主题，思索着他的未来小说人物的性格及其表现方法。

萨特特别赞扬塞林的新作《深夜的旅行》的语言和思想境界。塞林在政治上是反犹太主义者，因此在 20 世纪 30 年代初至 40 年代期间，他的文学创作中所表现的反犹太文化的倾向恰好被希特勒等人的法西斯政策所利用。

萨特注意到了塞林的这种思想动向，于是转而反复综观哲学史和文学史上大量思想家和大作家的创作经历，咀嚼着他们的创作经验，特别注意到当代大作家的创作倾向。

波伏娃则着重于对文学创作中文风、艺术手法的探索。他们的不同考虑重点，恰巧起着相互补充的作用。

在柏林继续深造

1933 年暑假，萨特和波伏娃都没有出国旅游，因为保尔、尼让和亨利埃特盛情邀请他们留在巴黎。一伙人成天待在一起，既叙旧情，也常常会像从前一样争个没完没了。

真是凑巧，在德国柏林留学的阿隆·雷蒙也回到了巴黎。阿隆在柏林的法兰西学院专攻胡塞尔的现象学，因此他现在开口闭口都是胡塞尔的哲学。

这时，德国的现象学刚刚被介绍到法国来，萨特在任教期间，始终没有忘记自己作为哲学家的职责，他一方面思索着重要的哲学问题，另一方面也正在考虑出国深造。当阿隆说到德国的哲学思想时，萨特立即特别着迷，两个人一碰在一起就开始聊胡塞尔。

在当时的许多青年人看来，德国是哲学的第一王国，是哲学理论的真正故乡。特别是自 17 世纪出现莱布尼茨、18 世纪出现康德和 19 世纪上半叶出现黑格尔以来，德国简直成了欧洲大陆哲学的主要摇篮。

一天晚上，萨特、波伏娃和阿隆在巴黎蒙巴纳斯大道上的一家煤气灯饭店吃饭，他们包了一个房间，还点了这家饭店的招牌酒：杏子鸡尾酒。

酒过三巡后，阿隆和萨特的话越来越多。完全是在不经意中，阿隆指着自己的酒杯对萨特说："老伙计，你是一个现象学家的话，你就能谈这鸡尾酒，你就能从酒中搞出哲学来。"

听到这话，萨特感觉似乎突然被什么东西击中了头部，一时间酒意全无，他的脸因为激动而发白：这正是他多年梦寐以求的啊！按照自己所见所闻得到的感觉来描述事物，并在这个过程中抽象出哲学来！

这一夜，萨特辗转反侧，彻夜难眠。

第二天一早，他就来到圣米歇尔大街上，买了一本由莱维纳斯写的《胡塞尔现象学中的直觉理论》。

萨特是那样迫不及待，还没把书的毛边很好地切开，就边走边翻看了起来。

他一下子翻到关于偶然性的那一章，他的目光在飞快地搜索着，他的心在"扑通扑通"地跳着：胡塞尔会不会动摇自己的理论基础？

还好，在胡塞尔的现象学体系中，偶然性并没有得到很大的重视。而对于这一现象的思考方法和角度也和萨特有所不同。

证实了这一点，萨特如释重负。但胡塞尔现象学的实际情形究竟怎样呢？这本译介的书只能给读者提供一个刻板而模糊的轮廓。萨特双眉紧锁：怎样才能对胡塞尔作彻底、认真的研究呢？

阿隆在德国的深造为他在历史哲学和社会学的深入研究打下了基础，这对萨特产生了很大的影响，他冲口而出："我也去柏林留学吧！"

念头一旦形成，萨特很快就提出了到柏林法兰西学院就读1933年至1934年度的研究生的申请。

1933年9月，当萨特得知他的申请得到批准时，高兴得大喊了起来："我要去柏林了！可以整整一年不用教书啦！"

不过，此时的柏林并不是做学问的最安静的场所。德国法西斯分子已在蠢蠢欲动，战争狂人希特勒已经当上了总理，并策划了著名的国会纵火案，从而取缔了强有力的德国共产党。整个柏林硝烟弥漫，动荡不安。

但是在萨特眼中，政治活动跟自己的生活、自己的理想毫不相关。他甚至认为自身的存在与社会、国家都没有任何关系，他常常这样表白自己："我是反对社会的那种'独立'的人。"

柏林的日子充实、愉快，还不乏浪漫。在柏格森哲学的基础上，萨特迅速地把握了胡塞尔的现象学。在那里，他重新找回了在巴黎高等师范学院所体验到的那种自由，精神上的彻底放松使他以百倍的精力投入到了工作之中。

胡塞尔的现象学对于萨特的思想转变起了决定性的影响，萨特集中攻读了胡塞尔以及他的得意门生海德格尔的全部德文著作。

当时，现象学应该说是一种试图理解人类思维方式，重新解释人与自身以及世界的关系的一场运动。它通过描述事物，即现象来追溯其根本，以最初的直觉来把握事物和观点。

萨特废寝忘食地研读着，他发现，胡塞尔的现象学提供了把握真理的真正钥匙，他还从中找到了写作的工具，以及一种描绘对想象力和感情的内心研究的方式。

对于胡塞尔关于"意识是关于某物的意识"的观点，萨特深表赞同，但海德格尔提出的"真正的问题在于生存的意义"这一论调更让萨特感兴趣。

海德格尔认为：人的存在最终是虚妄的，我们处在一个我们既未创造也未选择的世界。在世界上一切生物中，只有我们人类有能力领会过去，思考未来，利用我们的才能决定目前的做法，并对命运施加影响。

看到自己长久以来的想法为他人所认同，萨特无比兴奋，他开始进行更深入、更广泛的思考。

在整个研究生期间，萨特把精力放在写作《论胡塞尔现象学的一个基本观念：意向性》和《论自我的超验性》两篇论文之上。

《论胡塞尔现象学的一个基本观念：意向性》论述了胡塞尔现象学的主要的、关键性的观念：意向性。萨特的这部著作是他探索现象学的起点，后来这篇论文在《新法兰西评论》上发表。

《论自我的超验性》活用胡塞尔式的分析方法，但却用一种与胡塞尔的理论相悖的观点勾勒出自我与自觉意识之间的关系，同时确立了自觉意识和精神之间的区别标准。萨特哲学体系中一个最早、最坚定的信念：非理性意识有其规律性，就是在写作这篇论文的过程中打下了基础。

他已经深深地意识到"自我"在现象学中的重要地位。此文后来发表于《哲学研究》杂志第六期上。

此外，萨特广泛涉猎哲学名著，从各个角度对自己的思考进行检验、印证。可以说，柏林留学的一年是萨特建立自己的哲学体系的重要起点。

萨特在柏林的官费留学期为一年，1934 年暑假，西蒙娜·德·波伏娃决定到柏林去看望萨特。

一见面，萨特就抓住波伏娃的胳膊，激动地说："同别人一样，我的自我本身也是一个存在……"

波伏娃很幸福地投入了他们惯常的那种对话。她欣慰地感到：无论萨特身边有谁，无论他是在天边还是在眼前，他都跟自己一起分享生活。

然后，他们从汉堡出发，一同游德国、奥地利和捷克。

在旅行中，两人边欣赏风景，边讨论共同关心的哲学和文学问题，他们谈到了美国作家福克纳和捷克哲学家兼作家卡夫卡的作品。

萨特和波伏娃这一期间所读的是福克纳的《喧哗与骚动》和《裁缝》。

萨特说："福克纳的小说的主题多是描述美国南部生活的特征：往昔的强占土地、种族歧视、犯罪和南北战争……他对于社会罪恶和人类生活的不幸的揭露对我很有启发。"

而波伏娃却说："他写得惊险曲折，让人对故事情节产生难忘的印象。我很赞赏他在写作中所表现的描述人物心理复杂过程的技巧。"

　　而卡夫卡的作品对萨特的影响更是不言而喻。卡夫卡和萨特都从青年时代起就深爱福楼拜的作品。在《蜕变》和《流放地》中，卡夫卡淋漓尽致地揭露了人世间的虚幻和忧虑。

　　不过萨特更欣赏卡夫卡的《审判》和《城堡》这两篇小说。他认为，正是在这两篇小说中，卡夫卡成功地揭示了世界的苦难的本质，表现了挣扎在生活的旋涡中的人类，对于希望和自由的无限渴望和追求以及这一切追求的最后的幻灭。

　　萨特对波伏娃说："我在卡夫卡的作品中看到了这样一个真理：人之成为人是要经历千辛万苦的，而文学之成为文学，也是困难重重的。人类生活和文学创作就是在这样的遭遇中生存和发展的。"

为了写作体验幻觉

1934 年 10 月，带着对柏林学习生涯的无比留恋，萨特回到了勒阿弗尔中学继续执教。

萨特第一次身穿运动服进入教室，穿着黑衬衣，不戴领带。学生们立刻意识到：他将是一位与众不同的老师。

学校总监也意识到了这一点并皱起了双眉。

但是，萨特立刻以他的热忱和他不顺潮流的性格征服了他的学生们。一个学生表示说："实际上，他并不教我们什么，他同年轻的朋友们所讲的，都是些如此明显和如此肯定的事情，以致我们觉得我们过去就已经发现了那些真理。"

1935 年，萨特已经过了而立之年。30 岁意味着青春时代的结束，意味着必须总结清算一番。

冬天，萨特和波伏娃一有时间就坐在勒阿弗尔海边一家名叫"海鸥小吃店"的露天座上，反复地对他们的生活、事业做着小结。

萨特感慨地说："我们还没有出名，一部作品也未发表。未来生活如此单调贫乏，看不出会有什么新的东西能使我们今后的生活摆脱常规。"

波伏娃也说："尽管我们的爱情已经牢不可破，我们的生活早已紧密相连，但似乎不可能会有什么新的遭遇使我们进行全新的体验。"

在冬日阴暗的天空下，他们一边一杯接一杯地往嘴里倒酒，一边不时发出长吁短叹。

而在这时，他们大学时代的朋友和同学都已小有成就了：尼让不仅以满腔热情投入了政治活动中，文学上也已起步，目前正出版他的第二部小说《特洛伊木马》；西蒙娜·若利弗现在已是巴黎戏剧界一名崭露头角的新星；而费尔南多·热拉希刚刚在著名的邦让画廊举行了画展。周围的一切都在发展，都在滚滚向前，然而他们的事业却处于低谷。

更可怕的是，看不出哪部作品可以使他们摆脱困境。

尽管被烦恼、失望和痛苦折磨着，萨特没有放弃手头的工作。有关安托万的故事他已经写好了初稿，现在开始逐字逐句地进行删改。

一天，萨特在巴黎高师的哲学老师德拉克鲁瓦教授给萨特来了一封信，他想请萨特就他在大学时所撰写的论文《心理生活中的想象》写一本书，以便收集在他眼下正为一家大出版社编的一套《新哲学丛书》中。

萨特对此很感兴趣，暂时放下安托万的故事，很快投入了心理学的研究之中。他多么希望能出一本自己的书啊！他计划在两年内完成自己从 1931 年年底就开始起草的论述偶然性的哲学著作。

在这本书的撰写过程中，萨特对梦及其引起的意象和意识错乱发生了浓厚的兴趣。怎样才能亲身体验一下这种错乱呢？

萨特找到了他一位老同学、精神病科医生拉加斯请求帮助他，拉加斯对心理学有多年的研究，目前正专攻精神病学。

拉加斯建议萨特去接受一次麦司卡林注射。他说："这是想体验精神错乱意识紊乱的唯一途径，麦司卡林是从仙人球提炼出来的生物碱，注射了这种药剂后很快就会产生幻觉。这种药剂没有任何副作用，不过，你会在几个小时后表现得相当古怪。"

萨特没有多想什么，即使是有副作用，他也无法压抑自己强烈的体验欲望，只要能更深入地了解人、了解这个世界，任何代价都算不了什么。

很快，萨特来到巴黎圣安娜医院，注射了一支麦司卡林。护士领着他来到一间灯光灰暗的房间，让他在一张空床上躺下。

萨特闭目养神了一会，当他睁开眼睛时，立刻感到精神抑郁，全身疲惫无力，并且他眼前的东西都以一种令人惊恐的方式改变了外形：雨伞变成了老鹰、鞋子变成了骷髅，房中其他几个人则变得鬼模鬼样。

萨特睁大眼睛回头望望身后，然而一切变得更加厉害：成群的螃蟹、珊瑚虫、章鱼和扮着鬼脸的怪物挤成一团，向他涌来，那些爪子在他身上乱挠乱抓。

萨特不禁失声叫了出来："这是怎么一回事？"

正当萨特陷入魔鬼的世界中时，同房的一位病人忽然站起来，在萨特面前蹦蹦跳跳，一脸兴奋。为了了解其他人在注射了同种药剂后的感受，萨特连忙与这位病人搭话，并把自己的感觉描述了一番。

但那位病人的反应与萨特大相径庭："哦，上帝，我找到的可是天堂！我看到的是一片阳光明媚、鲜花盛开的草地，那儿到处是婀娜多姿、风情万种的美女。"

萨特不无遗憾地想：如果他耐心等，也许同样能找到稍稍令人愉快的感觉。然而，噩梦始终驱逐不去。

当晚，萨特与波伏娃一起乘坐从巴黎起程的火车，经卢昂返回勒阿弗尔，在车上，他还隐隐约约地看到巨大的甲虫和黑猩猩之类的怪物在火车的窗玻璃上出现。

随后的几天，萨特总是一副目光呆滞、神色不安的样子。幻觉药剂使他的视觉变得不正常了：房子看上去歪斜着，而每一个钟面上都显出猫头鹰的五官来。

有一天，朋友们发觉萨特总是不停地往后看，走几步便看一下。他说真的有一只龙虾在他身后爬行，对他紧追不放。

比幻觉更严重的是，萨特一天到晚无精打采，无论做什么都提不起兴致，陷入了一种极为消沉的心境中。

萨特也意识到了这点，每当与波伏娃或其他朋友在一起时，他总是竭力使自己兴趣高昂，但每过了一定的时候，他就无法自制地感到索然无味，只好一个人蜷缩在角落里，面无表情，一言不发。

萨特这种不正常的心理感受和视觉上的幻觉一直持续了半年左右。他后来把此时所看到的景象、所感受到的幻觉写在了戏剧《阿尔多纳的被监禁者》中的主人公身上。

这个"麻烦"期间，由于波伏娃必须给学生上课，她委托自己的一个女学生奥尔·科莎基维茨担负起"看护"萨特的责任，经常侍候萨特，耐心地照顾萨特的起居。

奥尔出身于俄罗斯流亡贵族之家，是波伏娃的得意门生，也是班上最引人注目的学生之一。一张白皙、俏皮的脸，一头金黄、柔软的秀发令奥尔散发着摄入的魅力。

与外表同样吸引人的是年轻的奥尔那与众不同的个性。她激进、慷慨而又独立。任何束缚都会遭到她的蔑视，冲动极端体现在她做的每一件事上。她总是笑得连眼泪都出来了，而哭起来一定是泪如滂沱大雨。每当跳舞时，她发疯一般地跳，而且总要跳到累昏为止。

此外，奥尔身上还有波伏娃和萨特都十分珍视的品性：真实。在任何时候，奥尔都不掩饰自己的爱憎。只要是面对她愿意与之交谈的人，她总是和盘托出自己对世界的看法。

奥尔非常崇拜她的哲学老师波伏娃，而波伏娃也一天天地被这个桀骜不驯的学生所吸引，很快，奥尔就成了波伏娃形影不离的亲密的伙伴。

萨特自柏林回来后，虽然他同波伏娃之间仍然和过去一样过着同居生活，但国内外形势的日益恶化，社会生活的动荡，使他们都逐渐厌恶生活。他们想逃避现实，在书本中找到安慰，或者在旅游中找到快乐，但是仍然感到生活的无聊。

11 月的一天，他们又坐在一家咖啡店的阳台间，喝着酒，为未来的单调无聊而长叹。

他们的生活已经相互交接在一起，他们的友情从来都是稳固不变的，他们的经历留下了它们的足迹，在身边消逝而过。世界日复一日地走着它自己的路，他们虽然才刚刚 30 岁，但对一切却都不感新鲜。

两人都有了几分醉意。这时，波伏娃泪如泉涌，不停地自言自语；而萨特便会揪自己的头发，或者直勾勾地盯着酒杯里的酒，仿佛痴呆了一样。

就是在这样苦闷的环境中，萨特和波伏娃为了"重新创建人与人之间的关系"，为了发现生活中的新鲜事，他们共同邀请奥尔加入他们的生活圈子，实现一种"三重奏"式的新生活。

不久，这位天生丽质、聪慧活泼的俄罗斯姑娘就迷住了萨特。她那充满稚气的笑声总是像清凉剂一样，使萨特感到全身放松、精神振作。而每当她迈着轻盈的脚步到来，萨特脑海中那一群群讨厌的怪物便消失了。

萨特滔滔不绝地给奥尔讲故事，她总是入迷地倾听着，并提出一些让萨特意想不到的问题。在萨特的眼中，奥尔是纯洁的象征，是青春的梦幻。

日子在萨特娓娓动听的讲述中和奥尔明亮无邪的双眸中飞逝而过。不知从什么时候起，萨特已不再把奥尔看成护理员了，而他讲故事、唱歌的目的也不再是为了转移自己的注意力，以免陷入幻觉之中，而是为了博得眼前这位青春女孩那灿烂的笑颜。

在这样的过程中，幻觉早已不知不觉地离萨特远去。

1936 年复活节，奥尔同萨特、波伏娃一起在巴黎度假。他们合看卓别林导演并主演的《摩登时代》，甚为激动。

卓别林的电影生动地提示了现代社会中大机器吞并个人自由、使个人附属于机器零件的悲惨场面。萨特回顾自巴黎高等师范学院毕业以来自己的事业同动荡不安的社会命运相冲突的历程，心潮起伏。

细心的波伏娃很快发现，"三重奏"的生活并不能根本消除萨特的苦闷，相反地，她发现萨特的精神状态逐渐变得反复无常。

原来，就在这年暑假起，法国第一次实行了"发薪海滨度假制"，但就在这一时期，发生了"摩洛哥西班牙叛乱事件"，独裁的佛朗哥将军乘机登陆西班牙，企图篡夺政权，西班牙内战爆发了。

这给萨特的精神生活一个极大的震动。这时，他的脑中又产生了可怕的幻觉，暑假前往意大利那不勒斯、卡普利、罗马和庞培的旅行中，他告诉波伏娃和奥尔："在夜间，我觉得有一个大龙虾一直在跟随着我。"

又过了些日子，"三重奏"彻底失谐了。萨特感到不可能从这种复杂的关系中找到他所期望的乐趣了。波伏娃因为总得听萨特和奥尔的轮番抱怨而失去了宁静的心境。

而奥尔还年轻，既没有丰富的生活经历，又没有像萨特和波伏娃那样高深的学问、知识，所以，对她来说，加入到与萨特和波伏娃的生活圈子，纯粹是生活的空虚、好奇心和对师长的尊敬心所驱使。而她从来没有想把自己的一生在这"三重奏"的协奏曲中度过，她决心打破这个维持下去会给三人都带来痛苦的关系，便主动离开了萨特和波伏娃。

从 1934 年至 1936 年是多事的年头，德国的希特勒自 1933 年执政以来，明目张胆地无视第一次世界大战后签订的《凡尔赛和约》，1936 年 3 月，他竟公开夺回莱茵河以西的地域作为德国领土，向英、法等国挑战。

因此，这时法国的形势是动荡不安的，无论萨特怎样幻想在自己的私生活中寻找安慰，最终仍然不免陷入烦恼之中。他的心情的转变，与其是决定于私生活中的愿望和幻想的实现，不如是决定于人民反法西斯斗争的胜利。

这年 5 月，法国实行全民选举时，萨特拒绝参加投票，这一态度表明他已经不满意法西斯势力的发展。

出版《墙》和《恶心》

1936 年暑假结束后，萨特和波伏娃分别担任新的职务：萨特被任命为巴黎东北部拉昂市的中学老师；波伏娃则被安排在巴黎的莫里哀中学任教。

拉昂是埃纳省的省会，坐落于一个孤立的丘陵上，埃纳河由丘陵前沿湍流而下。拉昂所占的优越地势使它在法国历史上长期以来成为巴黎东北部的一个军事要地，被看作抵御北部来犯之敌的天然要塞。

拉昂城内的圣母教堂始建于 1160 年，它的建造象征着古代的哥特式建筑已经走下坡路。

7 月，西班牙内战爆发，萨特亲眼看到了法西斯势力如何敌视西班牙人民阵线的发展，这给了萨特在政治上和思想上一个很大的刺激。萨特开始抛弃不关心政治的"自由派知识分子"的态度，决心以笔作武器，投入到反法西斯的斗争事业中去。

萨特在拉昂居住了只有一年，但就在这短短一年中，他在教学上和创作上都取得了很大成绩。

首先，萨特完成了短篇小说《墙》的初稿。

《墙》带有浓厚的政治色彩，它描述西班牙战争中囚犯等待处决和临刑的情景，淋漓尽致地写出了所谓"恐惧"心理。

《墙》的完成标志着萨特文艺观的成熟形成，正如他自己所说：

没有为自己写作这一回事，如果有人这样做，他必将遭到最惨的失败。《墙》不是一部哲学作品，恰恰相反，它是西班牙战争的自发的反应，从此我终于逐步放弃不关心政治的幻想，介入于现实生活和政治斗争。

在《墙》这部小说中，萨特所表达的与其说是对法西斯势力的控诉，不如说是描述在法西斯势力压迫下的"自由主义知识分子"的精神崩溃状态。当他所歌颂的个人主义者面临死亡威胁时，他所关切的首先不是与他个人命运相关较远的事物，而是那些围绕着个人命运的东西。

在写作《墙》的前后，萨特曾与马尔罗等反法西斯战士来往，深受其影响。

除了对法西斯的反对之外，萨特还遭遇了一个更大的失意：1936年秋天，他那部关于安托万·罗康坦的故事的小说书稿被著名的加利玛尔出版社审稿人波朗拒绝了。

退稿这种打击对萨特而言可不是第一次了，可这次的确让他心灰意懒，简直有些无法承受。这本书倾注了他太多的心血。

早在1931年他服兵役期间写成的论文《论偶然》是这本书稿的第一个版本；1934年在柏林留学时，他完成了第二版的修改，而回来后又听取波伏娃的意见一页一页地重新删改，这期间经历了4年的时间。直至1936年，他才完成了第三版的修订，并取名为《忧郁》。

而当萨特将草稿通过尼让交给加利玛尔出版社后，很快就得到通知："作品的质量虽好，但未被接受。"

加利玛尔出版社的拒绝，使萨特近乎6年的心血要化为乌有，他悲痛万分，忍不住潸然泪下。

另外，这本书完全符合萨特一贯的观点和早已定型的计划。它的失败意味着萨特这么多年的努力都可能偏离了正确的方向。波朗之所以拒绝出版《忧郁》，是因为他不同意萨特用文学形式来刻画玄妙的真理和感情这种怪想法。

但是，萨特没有自大地为自己辩护，他开始向自己提出几个难以应付的问题。经过冷静的分析和深入的思考后，萨特坚持认为《忧郁》是一部好作品，它被拒绝就像文学史上一些最初被拒绝的好书一样。他下决心一定要使这部手稿得以出版。

1937 年 7 月，《墙》发表于《新法兰西》杂志。它使萨特这位文学新人备受瞩目，许多读者纷纷写信给他。当时久负盛名的文坛元老纪德写了一张短笺给波朗："这的确是一部杰作，我对我读过的东西还没有长时间地感到如此愉快，告诉我，这个让·保罗·萨特是谁？似乎人人都指望能从他那里得到大量东西。"

1937 年暑假结束后，萨特被调回巴黎巴斯德中学任教，他终于结束了乘火车过旅途生活，与波伏娃合住在巴黎蒙巴纳斯区的一家旅馆，但不住在同一套房间里，这样一来，他们既可以享受过共同生活的益处，又能避免合住的不便。

有一天，一封信使萨特的眼睛一亮：加利玛尔出版社让他尽快去一趟。略微有些忐忑不安的萨特终于见到了那位枪毙了他的手稿的波朗：肤色黝黑、高大而有点儿胖，看上去有些像巴西人。

波朗开门见山地告诉萨特：稿子不可能登在他们杂志社主办的《新法兰西评论》杂志上："你投给我们的作品太长了，要登 6 个月。要是登上去的话等你连载第二次时读者早就跑了。"

萨特刚要张口辩解，波朗摆了摆手，接着说："不过，这是一篇不错的作品。"

萨特直挺挺地坐在那儿，紧张得额头上渗出了冷汗，不知道波朗接下来会说什么。

波朗继续说："你知道卡夫卡吧？尽管你俩有不少差别，但当我读你的小说时，只有卡夫卡一下子出现在我脑海中。"

原来，波朗并没有看低这本书，他只是拒绝把它刊登在《新法兰西评论》上，至于能否以书籍形式出版，他则拿不定主意。现在，出版社老板加斯东·加利玛尔本人亲自批阅了这本书，爱不释手，决定在 1938 年予以出版。

波朗说："加利玛尔先生唯一不满意的只是这本书的题目。"

萨特提出把书名改为《安托万·罗康坦的奇遇》，在取书名方面饶有诀窍的加利玛尔也不同意，因为这可能会使读者误认为这是一本通俗的冒险小说。他斟酌再三，建议改为《恶心》。

萨特接受了。

正如出版社为《恶心》的出版所刊登的封面广告所言："此书绝无冒险故事。"这部长篇小说完全不以情节取胜。所有的情节都服务于萨特想要表达的哲学观念。

小说的故事是这样的：结束了长期旅行生活的安托万·罗康坦终于在布城定居下来了。为了撰写一篇介绍 18 世纪一位冒险家的经历的论文，他常常到市图书馆去。他的好朋友"自学者"总在那儿按照字母的顺序来读书。

每天晚上，罗康坦都到铁路员工的酒吧略坐片刻，为的是听同样一张唱片：《在这些日子里》。他所喜欢的女人名叫安妮，可 4 年来她一直下落不明。罗康坦渐渐地淡忘了他的过去，而现在的生活也丧失了意义：他原以为自己是经历过奇遇的，可现在却再也没有奇遇了。

但真正的奇遇就这样开始了：罗康坦发现自己的所有感觉都发生了一种隐隐约约，又略带恐怖的变化，这就是恶心。墙壁、花园、咖啡馆一下子都沉浸在厌恶之中。

罗康坦苦苦地思索着，在春天开始的第一天，他终于明白了他的奇遇的意义：恶心就是显露出来的存在。

这时，安妮给他写信了，他将去找她，所以生活还存有一线希望。但现时的安妮让他大失所望：她变成了一个臃肿的胖女人，而且放弃了当年那种对于"美满的时刻"的追求，他们再也无话可说了。

罗康坦重又回到了孤独之中，并且预见到了人类未来的灾难。然而他既不能呼救也无法拯救别人，罗康坦决定离开布城，他又走进酒吧，想最后听一次《在这些日子里》。就在唱片旋转之时，他又隐隐约约地看到了一丝希望，一丝容忍自己的微薄希望。

对萨特来说，安托万·罗康坦的故事，是他从1931年第一次从事教书工作以来的经历。和罗康坦一样，许多知识分子被现实世界的混沌和黏稠性质所扰乱，因而向往牛顿物理学中那种可预测、可解释的世界。那么如何在那种创造表面感性认识的令人恶心的想象世界中获得拯救呢？

罗康坦的故事告诉我们：存在的一切都是以偶然性为基础的。因此，如果我们跟存在不保持一定的距离，不从意义上超越它，便会被存在所吞没。

不过，萨特认为对生活完全持消极被动的态度也是不可取的。因为我们毕竟有选择的自由，我们在苦恼中意识到自己的力量，意识到可以把事物写成我们创造未来的工具，赋予事物以一定的意义。

1938年春，《恶心》出版了，评论界以欢迎和肯定的态度接受了它。1938年5月16日，在共产党办的《今晚报》上，尼让写道：

> 如果不是因为萨特对精神上进退两难的困境不感兴趣的话，他就会成为法国的卡夫卡。

同月，阿尔芒·多宾在《精神》杂志7月号上说：

> 看来很少有人怀疑《恶心》是我们时代的好作品中的一个。

让·达尼耶鲁则在《研究》杂志10月号上说：

> 在我看来安托万·罗康坦的爱好比瓦勒利和普鲁斯特的

唯美主义还走得更远，而且，只有通过艰难地再发现人本身的必然性，才能真正地读懂它。

10月20日，阿尔伯特·卡缪在《阿尔及尔共和党人》报纸上发表专文赞扬了《恶心》。

加利玛尔出版社印了4100册，销路很好，他们决定再印3300册。

《恶心》生逢其时，它是第二次世界大战期间和战后许多欧洲小说所表达的一类情感的先期预告。读过这部小说的人感觉到：文学与其说是揭示生活秘密的手段，不如说是研究内心和清除幻觉的共鸣板。罗康坦是时代的一个缩影，在他身上，人们可以发现剥去了伪装的自我的空虚感。

《恶心》的成功使萨特在法国文坛中崭露头角，也标志着萨特自己独有的存在主义哲学体系的正式产生，"恶心"这一概念的出现不仅使萨特的存在主义同海德格尔的存在主义区别开来，而且也使萨特哲学体系找到了一个非常恰当的基础概念。

1938年是萨特忙碌的一年。除了在巴斯德公立中学继续教书外，在《恶心》出版后，他又写了短篇小说《一位要人的童年》和《自由之路》。

此外，萨特还开始从事文学批评，着手写论美国小说家多斯·巴索斯和法国作家尼让的评论文章。

萨特重读了福克纳的《萨托里斯》；以极大的热情评论多斯·帕索斯的《1919年》；而他在2月号《新法兰西》杂志上发表的一篇公开评论当代著名作家弗朗索瓦·莫里亚克的小说《黑夜的终止》的文章，再次引起了轰动。他指出莫里亚克从某种意义上说不是一个作家，指出一切有关叙述的技巧总而言之都是些空头理论。

在另一本杂志上，他评论了俄国流亡作家弗拉基米尔·纳巴科夫翻译的灵魂犯罪小说《绝望》；在另一本刊物上，他又发表了一篇关于人的面部的现象学的论文。

萨特简直成了一名批评家。

成名也使萨特享受到了接见记者的尘世快乐。

12 月 7 日，在《玛丽安报》上，萨特对来访的克罗丁·索内说：

我曾经梦想要单靠优美的形式来表达自己的思想。也就是说，我只要通过艺术作品、小说或故事来表达思想。但我发现这是办不到的。

有些特别带技术性的问题，非要使用纯哲学的词汇。所以，我在写《恶心》的同时，也要撰写《论心灵》，这部著作即将出版，是从现象学的观点写的心理学著作。

哲学与战争

　　行动吧，在行动的过程中就形成了自身，人是自己行动的结果，此外什么都不是。

——萨特

利用战争间隙写作

1939 年，对于萨特来说，是具有转折性意义的一年。

年初，他的小说集《墙》正式发行，这预示着他将以反法西斯的姿态投入到生活的洪流中去。而改变他在此前那种不关心现实斗争的态度的，是残酷的现实斗争本身。

这一年春，当萨特与波伏娃游历法国南部各省时，地球另一边的日本正变本加厉地进行其侵华战争。3 月 15 日，德国撕毁《慕尼黑条约》，发兵进军布拉格。4 月 6 日，意大利入侵阿尔巴尼亚。6 月 30 日，法国、英国、土耳其签署互助条约。

这时，法国人民开始焦躁不安，不知战争的火焰何时会蔓延到自己身上。一段时间萨特和波伏娃应老友莫莱尔太太之邀，在儒昂·莱·朋海滨浴场度假，这里仍然幽静、雅洁，莫莱尔太太的豪华别墅里充满了欢声笑语，大家还对和平与文明保持着信心。

波伏娃是个天生的乐天派，她说："我认为战争不会波及法国，因为假如苏联与英、法站在一起，希特勒就会有所顾忌；而如果他一定要挑起战争，那么联合军事力量就可以把他打败。"

萨特说："我也不愿看到法国像第一次世界大战那样再流一次血，但我确实感觉到国际形势的发展趋向非常不妙。"

清晨，海滨公园内，松柏参天，树叶繁茂，蓝天碧海美得让人心醉。一把撑开的洋伞下，萨特在专心致志地写作，波伏娃捧着一本书在吟读。偶尔，两个人的头凑到了一起，许许多多关于未来的计划在酝酿着。直至下午 14 时，烈日太毒了，他们才返回宽敞的别墅，在百叶窗紧闭的饭厅里用午餐。黄昏，人们会再次来到海滩，跑步、

游泳。

7月飞逝而过。随着8月的来临，消息越来越坏。萨特和波伏娃也不由地开始不安起来。这里宁静、甜美的生活总让人觉得有些虚幻。

8月23日这天早晨，当萨特打开报纸读到有关德苏的新闻时，他感觉脑袋像被棍棒击中一样：斯大林和希特勒签订了互不侵犯条约，纳粹德国竟然与苏维埃俄国站在了一起！这条可怕的新闻将原来的一线希望扑灭了。黑暗笼罩大地，也渗进了萨特的骨髓深处。

萨特和波伏娃准备正视眼前的不幸。时日已经不多了，如果发布全国总动员令的话，萨特就得再次应征入伍，他们必须尽快返回巴黎。

萨特和波伏娃与莫莱尔太太及其他朋友告别后，带着一阵阵离别的悲伤，踏上了归途，归途中的萨特和波伏娃忧心忡忡，而一路上的所见所闻更加剧了他俩的惊恐。每个车站都人山人海，每辆车都严重超载，许多车厢里挤满了年轻人，他们即将被送往马其诺防线。

巴黎空旷的街道，寂静得让人害怕。政治气氛已经紧张起来，共产党的报纸被查封，市民们只能悄悄地议论着企图将法国出卖给纳粹分子的"第五纵队"。法国产生了分裂：右派指责政府，既然有妥协的可能，为什么仍将法国推向战争？左派谴责人民阵线忽视重整军备而进行社会改革，削弱了法国的势力。

战争已迫在眉睫，报纸一出版便被抢购一空，人们企望在上面找到一点儿缓和的可能。

9月1日，希特勒在精心策划之后，悍然入侵波兰！

9月2日凌晨1时，法、英两国正式宣布向德国开战，战争终于全面爆发了！正午时分，法国部长会议发布总动员令：征兵应战马上开始！

萨特被要求在24小时内到南锡港报到。他匆匆地跟母亲和继父告别后，在波伏娃的陪同下，坐出租车来到火车站。萨特、波伏娃和许多巴黎人坐在火车站的露天咖啡馆内等候着即将把其中的年轻男子拉走的列车。

这一瞬间，"社会"这一概念真实地进入了萨特的头脑，他突然明白，自己是一个社会动物：从原先所在的地方，在亲友熟人之间，给强行拉走，火车把他运到他并不想去的地方，而且同行的人与他一样，他们都有一个共同的维度，不再是几个月前在中学里碰到的简单的人，那时候他们都没有想到自己是有社会性的个人。

通过应征令对自身的自由的否定，萨特才意识到世界的重量以及他与所有别的人的分量。

这是正常生活的最后瞬间了，萨特看出波伏娃掩饰在平静外表下的惊恐，萨特不停地说着宽慰的话："亲爱的，一切都用不着担心，我将很快返回，因为战争肯定不会持久。

德国现在缺乏食品、钢铁、汽油，德国人民已经开始使用配给卡，他们承受不了一场太长的战争，德意志帝国必将崩溃瓦解。而且，我只会被留在机场或其他什么场所的后部，不会被派往前沿阵地，因而危险不大。"

萨特还在絮絮叨叨，人们已经开始缓缓地走向已经进站的火车。接着，人们拥到每扇窗前，向亲人做最后的道别。一根铁链挡住了月台，隔开了即将成为军人的男子和为他们送行的亲人。

火车由慢而快地开走了，波伏娃眼中的萨特越来越小……

次日，萨特到达南锡港，被编入埃塞莱南锡第七十一师，这次他又被分到一个气象站。萨特毫不抱怨，甚至很少流露出任何痛苦的表情，但是，近一个月来所发生的一切对他触动太大了：不久前他还在高谈自由、拯救、创举，而现在他已不属于他自己。

萨特从军的地点是在阿尔萨斯省，恰好是他外公的故乡。这里与德国交界，有丰富的煤、铁矿产，每次大战都成为德、法两国首先争夺的地方。

接着，萨特又被派往莫尔斯布劳恩，在那里，他的工作很清闲，也很无聊：每天把气球升上天，然后通过一副视野望远镜去观察它们，最后打电话给火炮连的指挥官，告知当天的风向。

萨特利用战场闲静的时间，加紧从事精神创作活动，写作他早就想写的长篇小说《自由之路》。

在这部书中，萨特想通过他所描述的不同人物的自由观，从而明确地表达出自己所追求的那个真正的自由观：

在我看来，人类意识对于人生的伟大作用，在于它赋予生活一种看不到、摸不着的，然而是极其珍贵的价值，这就是自由。人的存在固然是虚无缥缈的，毫无道理的，然而，由于人具有意识，就使人具有一种可能性，可以超越自己的存在，在虚无中找到存在的真正意义。

萨特废寝忘食地写满了 5 册笔记本，然后又重读、修改。

1939 年 11 月 1 日，波伏娃前往兵营看望了萨特。当时，《自由之路》第一部《懂事的年龄》拟稿已经有了很大的进展。而此后在给波伏娃的信中，萨特总是念念不忘他这部小说的写作进展情况。

《自由之路》的创作，表明了萨特的思想态度的根本转变，他在这部作品中所实现的，是对社会生活意义，对于历史的意义，对于自由的意义的探索，他早已超过了个人生活的小圈子。经历了战争之后，萨特看到了自由的"现实化"的可能性和必要性：

自由是一个人对他的存在的选择，人们通过极细微的接触，通过觉察不到的变化，发现人们正同一个看不见的、巨大的珊瑚骨连在一起。战争存在着，战斗无处不在，它是我的全部思想，希特勒全部言论，戈梅兹全部行为的总和。

然而，没有人去结算这个总和。战争只对上帝存在，但是上帝又是不存在的。然而，不管怎么样，事实总是事实。战争是存在的，个人的尊严始终都是占据着主要的地位。

由于工作强度太大，加上战地的伙食很差，本来就瘦小的萨特很快虚弱了下来。好在，没有任何人干扰、阻止萨特的写作。

一次，一个严厉的刚毕业于军官学校的上尉来这里做一次巡回检查，看到面色不太好而且蓄着又短又硬的胡子的萨特，便问一个士兵："这个家伙看上去好像快要病倒的样子，不知他在干什么？"

士兵回答："一种人类的工作，上尉。"

上尉一愣："什么样的人类工作？"

"写作，上尉。"

"小说？"

"是的。"

"什么样的小说？"

"这需稍费点时间才能解释。"

"是不是女人欺骗丈夫，丈夫戴绿帽的书？"

"是的。"

"不错，你很棒，写了这样的书。"

上尉转身走了，大家再也忍不住，大笑起来，高兴之余，当晚，萨特替每个人买了份新鲜的面包。

1939 年年末，在《文学作品》12 月号上刊登了广告：萨特的新作品《懂事的年龄》即将于 1940 年出版。

1940 年 1 月 15 日，萨特在日记上写道："哲学在我的生活中，足以克制战争带来的忧郁、阴郁和悲痛的情绪。现在，我不想用哲学来保护自己，那是卑劣的，也不想使生活适应我的哲学，那又何其迂腐。但真的，生活和哲学在我身上成为密不可分的了。"

同月，萨特在一封给朋友的信中又说："我将在这场斗争中独自行事，决不追随任何人，别人愿意跟我走，那就听便。"

2 月，萨特得到了一周的假期，他回到巴黎，同波伏娃谈到了他的思想转变。这时，加利玛尔出版社将萨特以前几年内写出的《想象的事物》作为该出版社编印的《思想丛书》的一部出版。萨特在这本书所从事的"现象学的心理学的探索"，不仅奠定了萨特本人的存在主义的基础，也对于法国的存在主义的发展产生了决定性的影响。

4 月，萨特再次获准回巴黎度假，接受为《墙》的发表而颁发给他的"民众小说奖"。萨特向波伏娃叙述了他的未来的哲学著作《存在与虚无》的基本轮廓。

从战争爆发到 1940 年 5 月，德军实际上并未正式攻击英、法两国，前线 200 多万士兵感到了极度的无聊。

人们至此还不相信战争真的开始了，希特勒在打了一连串胜仗之后，又发动了和平攻势。波兰战败了，捷克斯洛伐克被征服了，他的野心也该满足了吧？法军参谋部对于马其诺防线的固若金汤抱着一种奇怪的幻想。

人们总是不自觉地往好的方面去设想，无人考虑真正防御德军可能的进犯。而在前线，德国士兵通过扩音器和大标语进行宣传，于是法国仿佛决意进行"假战争"，9 个师草草敷衍地对萨尔地区发起"攻势"后，西面前沿阵地便是一片平静。一些法国军人甚至用"OK"手势一厢情愿地向德国士兵挥舞："只要你不动手，我们决不动手。"

在战俘营的生活

战争开始至 1940 年年初，德法边界从表面看来"平安无事"，这也使萨特得以利用时机在兵营中大写特写其作品。

但是，德军在入侵丹麦、挪威得手后，掉转枪头指向英、法，在入侵宣布中立的比利时、荷兰之后，5 月 10 日以迅雷不及掩耳之势，出其不意地突破马其诺防线，进入法国本土。

始料不及的法军未作任何抵抗，真正是溃不成军，几个星期之内，法军一泻千里。

5 月 23 日，萨特最亲密的朋友保尔·尼让在前线阵亡。

6 月 21 日，也就是萨特 35 岁生日那天，他未经一战，未开一枪，便在洛林省的巴都市与成千上万溃退的法军一起当了俘虏。

贝当政府仓促撤出巴黎，并在希特勒的停战条约上签了字。曾经骄傲、优雅的法国人成了亡国奴。

萨特连同其他法军俘虏先是被关在南锡，8 月中旬后被迁至德国境内的特列夫城，这里距德国与卢森堡交界处不远。

身处沦陷了的巴黎的波伏娃深深地为萨特担心。但萨特接二连三的热忱来信使她稍稍安心了一些。

信中说，战俘营的情况远非无法忍受，供给的东西是不太够用，但犯人们不必劳动，因此他仍能坚持写作。集中营里有各种各样的人，他已经交了很多朋友，并日益感到这种新的生活方式很有意思。

波伏娃半信半疑：一贯无法忍受限制自由的萨特果真是如此坦然经受这一切变故吗？他怎么会对那样一种明显的痛苦生涯"怀着强烈的兴趣"呢？

萨特并没有夸大其辞，战俘生活的确不让萨特感到难熬，他感到自己正在重温集体生活，这在离开师范学院之后还没有过。

更重要的是，萨特第一次发现自己很乐意成为群众中的一分子。

战俘营是每15个人一起睡在地板上，由于没有其他事可干，俘虏们几乎成天躺着闲聊。但萨特并不感到乏味，因为可以自由地与人交谈，直接往来，平等对待。

他写信告诉波伏娃："我从中学到了不少东西。"

萨特在战俘营里体会到了人与人之间团结的意义，开始努力使自己像一个普通人。他发现难友们大多都是拒绝妥协和让步的简单而纯朴的人，他们之间所形成的那种兄弟情谊既牢固又美好。

此外，萨特十分欣赏这些人即使处于厄运中也毫不减弱的即兴机智。

狱友们也十分喜爱萨特，因为他博闻广见又口若悬河，他的嘴里总会出其不意地吐出让人捧腹大笑的段子。一有空，他就给大家上哲学课，讲海德格尔、尼采、司汤达……

萨特原来是不大喜欢讲课的，现在却乐此不疲，因为他爱讲什么就讲什么，也因为此刻知识真的成了点燃生命的火花。

一次，在给波伏娃的信中，萨特不无得意地写道：

> 我负责组织了一所民间大学，给几乎全由教士组成的公众授课……

萨特的每一封信都会让波伏娃精神为之一振。看到关在集中营中的萨特并不怨天尤人，而是立足于自己的现状，整天忙得不亦乐乎，她感到萨特已为她以及所有法国人提供了一个范例：法国沦陷了，但法国人不应就此消沉。

在战俘营中，和萨特最谈得来的是一位名叫巴热的年轻神父。巴热的最大魅力在于其行为与信仰的完全吻合。

在入狱前，巴热是塞义山一个边远贫困的乡区的牧师，他之所以挑选去这个地方是因为它落后、野蛮得令人可怕。

萨特很欣赏巴热，总是乐于和他探讨各种各样的问题，而巴热的见解也给萨特很多启发。这位神父有关"圣灵感孕之谜"的见解尤其使萨特感兴趣。他说："我认为，和任何孩子一样，圣子耶稣也生于污秽和痛苦之中。圣母并不是奇迹般分娩的。"

萨特对此深表赞同："关于耶稣降世的神话，其美感只是在于：它意味着在耶稣的身上包含了人类的全部苦难，否则基督教就毫无意义了。"

萨特与巴热神父进行有关耶稣出世的问题的讨论，使他萌发出创作的灵感，只花了几天的时间，他就完成了剧本《巴里奥那——神之子》。

萨特创作这出戏是"别有用心"的。从表面看，这出"神秘剧"的主题是基督诞生，但实际上它是以罗马占领巴勒斯坦这一事件为中心的。剧中有罗马皇帝雷利厄斯利用普查之机对所有的居阿代人强迫征收高赋税的情节，居阿代人领袖巴里奥那，自从国家被占领以来，一直蒙受着极度痛苦，成为剧中激烈的台词。

1940 年圣诞节这天，整个集中营的战俘都观看了《巴里奥那》的演出，萨特亲自导演并参与了演出。萨特涂黑脸扮演朝拜耶稣初生的三博士之一——黑人国王巴尔达扎尔。戏剧的艺术效果和设计是萨特的朋友古尔布承担的。

该戏在战俘营中的演出，普遍地激起了战俘们积极的反应，当巴尔达扎尔最后变成了一个抵抗战士时，狱友们一下子明白了其中的寓意：正如异教徒和非教徒应该联合起来，反抗侵略者的暴政、奴役；正处于法西斯铁蹄下的人们也该团结起来，反抗德国的统治。

《巴里奥那》的演出所获得的巨大成功大大出乎萨特的意料，应观众要求，12月25日、26日该剧又连续演了好几场。

通过写作此剧，萨特发现了自己身上潜藏的戏剧家的天赋，虽然第一次尝试很难称得上完美，但他感到自己找到了一种全新的创作艺术，它比小说更直接、更正面地反映现实、唤醒民众。

尽管萨特从来没有抱怨过一句，但他仍然热切地期盼着逃出牢笼回到巴黎的那一天，等待着每一个可能的逃跑的机会。

1941年3月底，时机终于到来了。由于战俘营中有相当一部分是老百姓，德国方面同意释放那些太小或太老以及身体状况不行的。要伪造一个能证明自己身份的证件太容易了，关键是如何让德国人相信你身体不合格。

当时，许多伪装者都被一眼识破了，因为当问及："有什么病"时，他们千篇一律地回答："心跳过速。"这种症状太容易作假了，于是他们被重新关回牢里。

轮到萨特了，他把右眼皮翻开，露出几乎快要瞎的眼睛，可怜兮兮地说："我什么都看不清……"

这个证据医生们很满意，这样，萨特被当作老百姓释放了。

萨特终于顺利地回到了巴黎，可沦陷后的巴黎让萨特惊愕不已。在集中营中，萨特和难友们发誓永不屈服，和侵略者抗争到底，而巴黎人远没有萨特想象中那样坚贞不屈，人们都在黑市上买东西；那么多人在一份声明自己既不是共济会成员也不是犹太人的材料上签字，甚至连波伏娃都签了！

萨特紧皱双眉对波伏娃说："我没有想到，在我逃出集中营重新获得人身自由的同时，便丢失了那种紧张、团结的气氛以及简单朴实的生活环境。巴黎和集中营不同，你不得不活，但活着就是一个亡国奴，就意味着你妥协了。为此我不得不好好思考一番了：应该如何使自己适应新的环境，又如何在这一环境中实现我在狱中时对未来所做的种种规划呢？"

波伏娃静静地听着。

萨特接着说："战前，我是个游离于社会现实之外的人，对于生活、他人、社会、义务、责任等，我总是抱着无动于衷的冷漠态度。尽管我不满现实，对抗社会，但由于过于看重个人的尊严、过于维护个人的自由，我始终只是一个旁观者，从未投入到社会现实之中，战争使我懂得，我必须承担义务，干预生活。"

波伏娃眼睛一亮，闪出异样的光芒。

萨特看着波伏娃说："战争以其特有的方式给我上了深刻的一课，战争的残酷使我认识到：自己以前所进行的哲学思考有严重的局限性，而且是一种胆小的哲学。我发现，那些没有阻止战争的人们同样应对战争负责。沉默意味着默许，不搞政治，这也是政治。不阻止战争即是战争的同谋，无选择的自由即是不自由。战前，我采取一种不介入的姿态，然而不介入本身就是一种介入。"

萨特最后忧虑地说："自由是一个人对他的存在的选择。那么我将做何选择，才能找到那条属于我自己的'自由之路'呢？"

组织"社会主义和自由"

1941 年 3 月，萨特结束了 9 个月的战俘生活回到巴黎。复活节之后，重新回巴斯德中学任教。

大家发现，萨特回到巴黎后，他的精神面貌发生了明显的变化，他变得严峻，甚至有些僵硬，就连一直与他保持着联系的波伏娃也为他的巨大变化而惊讶。

萨特曾经多次对朋友们说："我回巴黎不是为了享受自由的甜蜜，不是为了单纯地活着，而是为了采取实际行动。"

波伏娃既有些担心，又有些疑惑："在德国势力如此嚣张的巴黎，能采取什么行动呢？"

萨特回答说："人们之所以感到无能为力，是因为彼此闭塞，而个人的力量太微弱了。我要做的正是打破这种闭塞的局面，把人们团结起来，组织强有力的抵抗运动。"

萨特立即找到了他以前教过的学生，他们中间有不少是坚定的反德分子。此外，他还与高等师范学院时的同学墨里奥·彭迪来往密切。

经过几次聚会后，在萨特的倡议下，大家决定成立一个抗德的知识分子组织。萨特和小组成员们决定把这个组织取名为"社会主义和自由"。这既是他们的行动纲领，也是组织的基本目标，同时也是他们为解放后的新政府设想的名字。

"社会主义和自由"组织很快开展活动了，第一次会议就在米斯特拉尔旅馆波伏娃的房间内举行，成员们就活动的具体方式展开了讨论。一些人倾向于使用暴力，但被大多数人否定了。最后会议决定：

在短期内，组织应以吸收新成员、收集情报、散发传单、设法与其他抵抗者取得联系为主要任务。

"社会主义和自由"秘密行事，小组的成员们投入了紧张的斗争中。他们常常在旅馆里或某一位成员的家里碰头。萨特在短时间内撰写一些鼓动性的文章，然后在小组创办的地下小报上刊登出来，其他人则马上把这些简报以及其他宣传小册子散发出去。

从未写过政治论文的萨特惊讶于自己一开始写就驾轻就熟，而那种首次融入斗争团体的感受又让他兴奋不已，他不时地叫道："是的，早该行动了！"

但是，法西斯势力在各条战线上节节胜利。萨特和他的小组开始感到必须准备面对盟国彻底失败、法国无法收复的可怕前景。

过了不久，萨特发现，其实法国早就存在许多与他们相类似的抵抗组织，而其中一个组织的负责人还是他的一个少年伙伴阿尔弗雷德·佩隆。萨特立即与这个组织取得了联系，并常常在丁香花小园圃或卢森堡公园里举行"组织"联合会议。

更多的人走到了一起。

萨特一边认真地履行着自己所担负的任务，一边对巴黎乃至国内的局势进行全面的观察了解和冷静的分析思考。他发现，抵抗运动的前景是不容乐观的，虽然抵抗组织遍地皆是，但它们几乎都有两个致命的弱点：力量有限，缺乏必要的谨慎，没有一个具有极强号召力和极高威信的领导者。

萨特在苦苦地思索：如何使"社会主义和自由"小组具有更强的生命力，在抵抗运动中产生更大的影响呢？

作为作家，萨特自然而然地把目光投向了他的同行们。

暑假的时候，萨特和波伏娃决定骑自行车离开巴黎，旅游各地，去同一些眼下逃避在自由地区的知名作家取得联系，以争取赢得他们对"社会主义和自由"组织的支持。

在一名妇女的带领下，他俩艰难地穿过了田野和森林，终于抵达自由地带。白天，他们骑车赶路；晚上，他们就露宿于田野、草地中。

第一站是瓦利尔斯，这里隐居着曾经十分赏识萨特的文坛元老吉特。然而他们很快大失所望地离开了，因为吉特对他们的组织和计划不感兴趣，他甚至没有邀请两位远道而来的客人到家中小憩。

萨特和波伏娃没有泄气，又向第二个目标出发了。马尔罗也是当时法国最杰出的作家之一，而且是一位领导政治活动已经 10 年的斗士。在西班牙内战中，他显示了一个作家在革命事变中所能起到的干预作用。

人们常常赞扬说："马尔罗简直胜于一个营的兵力。"因此，当萨特和波伏娃奔往马丹角马尔罗的府第时，他们满怀信心。

这次，他们受到了马尔罗热情的接待，在豪华舒适的别墅内，马尔罗让仆人特意为萨特和波伏娃烹制了美味的马里兰小鸡。

然而一谈到正题，这位曾经斗志昂扬的作家却情绪低落下来，马尔罗说："由于最后法西斯还是统治了西班牙，我已经感到累了，我有意隐退。现代战争的结局完全在于哪一方拥有技术上的优势，就你们的抵抗组织来看，在这个时候有所行动不仅是危险的，而且是荒谬的。重要的是，你有武器吗？"

萨特和波伏娃被问得哑口无言，他们受到了第二次沉重打击。

一无所获的萨特和波伏娃回到了巴黎。这次出访他们行程 2000 多千米，风餐露宿，历尽艰险。

然而回到巴黎之后，他们失望地发现，巴黎的境况更是每况愈下，没有政党领导的组织难免会因为散漫而显得薄弱，开创阶段曾经蓬蓬勃勃的各种组织都已经陆续散伙了，仅剩的几个也正处于解体阶段。

当时，法国共产党非常强大，它有严明的纪律、严密的管理机构，然而他们不信任这些由小资产阶级知识分子组成的组织。他们甚至怀疑萨特之所以被德国人释放，是因为他同意当奸细。

萨特感到日渐孤立。

巴黎的气氛愈加阴郁，墙壁上处决法国人的布告与日俱增，人们过着提心吊胆、战战兢兢的日子。萨特开始苦苦思索马尔罗的话。

风声越来越紧，萨特的那个儿时伙伴被捕，紧接着，波伏娃以前的一个学生也遭到了逮捕。

形势不容再三考虑，萨特痛下决心：立即解散"社会主义和自由"组织，因为它已经势单力薄，它的继续存在只会给其成员带来危险。

"社会主义和自由"组织就这样夭折了。组织的解散令萨特痛心不已。他在战俘集中营就开始筹划建立这样一个抵抗组织；被释放之后，又耗费了这么长的时间，这么多的精力，想使它逐步壮大。尽管人人都觉得殊可惋惜，然而冒险与达到目的是完全不相同的两码事。

出版第一部哲学专著

1942 年，对萨特来说，是紧张从事创作的一年，他的第一部哲学著作《存在与虚无》以及《苍蝇》和《自由之路》的第二部《延缓》，都是在这一年完成的。

在萨特看来，一个作家必须是一个哲学家。自从他认识到哲学是什么时，哲学就成为他心目中对于作家的根本要求。这不仅因为他认为文学必须有哲学为其服务，也因为其本身一直对哲学情有独钟。

萨特从来没有停止过他的哲学思考，从 1933 年以来，他就一直在构思着《存在与虚无》的结构。而提纲是在 1939 年应征入伍期间，在战争的间隙完成的。

从战俘营释放后，萨特在完成了《懂事的年龄》的创作之后，便于 1941 年秋正式提笔写《存在与虚无》，并于 1943 年年初完稿。

1943 年夏初，就在《苍蝇》公开演出时，《存在与虚无》也同时出版。

《存在与虚无》作为哲学著作，一般人认为是非专业学者所难懂的、晦涩的。其实不然，只要认真细读，一旦解决了术语上的困难，阅读不仅会非常顺利，而且不乏趣味，因为萨特常常用生动的文学化的语言对日常生活中的琐事作出分析，以推导出他所要证明的结论。

这本书从"自在的存在"和"自为的存在"这两个基本概念来论述其哲学。

在探索个人的存在中所进行的意识活动时，萨特认为那些被我们意识到的外界事物，"我"以外的世界是"自在的存在"，它偶然地、绝对地存在着，它是被动的，盲目的，毫无理由和根据的。由于独立于上帝也独立于精神，因此它又是荒谬的，多余的。而人的意识则是活泼生动的，当它附在于某个存在时，某个存在便成为意识任意摆布的存在。

"人的存在"从一开始便是意识的存在，每个人时时刻刻地所看到、感受到的，都是现实的、活生生的"事实"。除此之外，别无其他。但是，人存在的意识性确定了人的存在特征，一切对于外界的认识都是个人的意识活动的结果。因此它是一种"自为的存在"，是一种自由的、能动的、真正的存在。

在现实生活中，许多人可以面临着"同一个"事实，但不同的人对这些事实的认识却是完全不同的，这是为什么呢？这就表明，在对于外界的认识活动中，个人的不同的意识状态起着决定性的作用。

意识是活泼的、生动的，它做什么就做什么；而且，意识在活动过程中总是可以把别的事物卷入到它的范围之内，当意识施展它活动的任意性、可塑性、无限性、主动性和想象性时，被它摄取和相关的事物便即刻附在一个非他的存在上。

因此，人的存在是一种偶然性，人注定是自由的，它决不能从别的存在物中产生出来，这就给存在的主动性创造了条件。萨特的结论是：

> 真正的内部世界，也即是真正的外部世界，存在存在着。存在在他自身中。存在就是存在着的那个存在。人是注定要自由的，自由一旦在人的心里点燃了明灯，上帝在他身上便失去威力。

然而，存在如何存在着？自我意识在存在活动中又怎样发挥意识的主动作用？

感觉的双重性使它具有必然和偶然的因素。萨特说："书出现在桌子左边对我来说是必然的。但它恰巧出现在左边，对我来说却是偶然的；而且，到头来，看书是在桌子上，还是看桌子在承受那本书，对我来说是自由的。就是这个在必然与我的选择之间的偶然性，是我们所谓感觉。"

对于感觉的分析只是萨特分析个人存在与他人的关系的一个出发点。有感觉的个人，一方面感受他的存在的有限性；另一方面又感受到自己存有一种选择能力，凭着这一能力，个人可以以他固有的自由的意向涌上这个世界，创造他自己的未来。

但是在创造未来的过程中，个人的存在仍然是困难重重的，周围的世界无时无刻不在包围着它、限制着它。萨特进一步阐述存在本身所面临着的如何处理与外部世界限制的关系的问题。

这里，他选用了"黏滞"这个特殊的词来表述个人的存在与现实世界之间的关系的特质。如沥青，如蜂蜜，这种关系首先是软的，可压缩的，它延伸、铺展、自行扁平化。

碰着黏滞，它并不跑掉，而是让出位置；其次它是黏滞的，它的自我固执妨碍自身的逃散。因此我可以在手中抓到它，可以把一定分量的蜂蜜和沥青从锅底分离开来。它看上去还是驯服的，但恰恰在我们自认为完全占有了它的时候，它却以一种奇特的颠倒，表现出它占有了我们。

正是它的柔软性造成了它的粘黏性，这是它最主要的性质。最后，我还是我，它还是它。

萨特对此论述道：

> 对于这样的黏滞的认识，霎时间创立了一种特殊的方式来形象地表现自在的世界；它以它特有的形式使存在象征化。也就是说，在同黏滞打交道的过程中，一切事物对我们来说都表现出似乎黏滞性就包含了整个世界的意义。

因此，萨特认为：克服他者、外界的束缚，就是自由的真正目的；超越他者的包围的意向，就是个人存在对自由的追求的表现。自由本身是一种无固定本质的东西，用萨特的话说，"你就是你的生活"，"你的生活无非就是你的行动的总和"。

因此，尽管人是无缘无故地被抛到世界上来，是偶然的，是空无所有的，但人一来到世间就享有绝对的自由，人的全部价值就在于他是自由的，这种自由包括自我创造、自我约束、自我设定、自我安慰、自我控制、自我想象等。

据此，萨特提出了"人的存在先于本质"这一著名论断，人的本质不是先天决定的，而是个人行为造成的，是自我设计选择的结果。人既然是自身行为的主人，就必须对所做的一切负责。

概括起来，《存在与虚无》主要强调了自由和个人存在的重要性，主要用现象学的方法分析了个人存在的遭遇。

正因为世界是难以把握的，所以人们才产生恐惧感。生活在世界上的人，当他意识到他的个人的存在与他人的存在密切相关的时候，就自然而然地对外在的一切产生"关切"感。这就是说，他要关心他周围的一切，密切注视一切他在的动向及其与我在的可能联系。

谈到"自由"，萨特是存在主义中唯一较为透彻地论述自由的人，他诅咒现实的人生，认为在现实中是找不到"真正的存在"即"绝对自由"的。

萨特从《论自我的超验性》、《关于感情的理论概要》、《论想象》到《恶心》和《存在与虚无》，都反复地谈到自由的问题。他认为，我们研究哲学的目的，不仅在于认识和体验到存在本身，更重要的是为了达到自由。

萨特认为，自由就是人的基本的活动能力，是属于意识范围的问题，归根结底，自由与不自由，不取决于客观，而取决于自己，取决于自己是否有责任感。他写道：

　　　　自由没有本质，自由不隶属于任何逻辑的必然性。自由
　　自成行为，我们通过这些行为照常地达到自由；而这些行为
　　则是自由通过它所包含的动机、动因和目的来组织的。
　　　　存在，对于为自身来说，就是使它所在的那个在自身虚
　　无化。在这些条件下，自由除了这个虚无化以外，它将什么
　　也不是。人是自由的，因为他不是他自身，而是向着他自身
　　的存在。凡是与它所存在的存在相同的存在将不是自由的。
　　自由，恰巧是人心中所存在过的那个虚无，恰巧是强制人间
　　现实自变，而不是自在的那个虚无。

　　综上所述，萨特的自由观乃是自我创造、自我约束、自我安慰、自我控制、自我想象的自由观。这几种"自我"相互牵制，使这种自由可伸可缩、可大可小、可硬可软。自由本身成为了无固定本质的东西。

　　与《苍蝇》所引起的反响相比，《存在与虚无》的出版却如一阵无声的细雨，只在湖面上激起了几个似有似无的涟漪。这本长达724页的哲学论著的副题是："关于现象论的本体论的论文"。封面上引用了萨特式的句子："花瓶里最珍贵的是里面的空间。"

　　由于当时人们所关注的唯一热点是政治、时局和战争，因而没有心思去读这种似乎不太合时宜的哲学书，只有少量的哲学爱好者为之喝彩和赞赏，意识到其重要的价值，肯定了其不一般的独创性。也有些人对其新颖的提法表示不同程度的怀疑。于是，这本极有分量的哲学巨著在出版之初遭到了冷落。

　　直至两年后，当萨特成了新闻人物时，评论家们才纷纷把注意力集中到这部巨著上。例如安德烈·哥尔兹在其所著的《变节者》和

米谢·都尔尼耶都讲到了《存在与虚无》的深远意义。

而美国对这本书的接受却经历了三部曲：首先"愚蠢地攻击它，然后承认其真实性，最后才看到了它如此重要"。

然而不管怎样，《存在与虚无》的出版，标志着萨特的独立的哲学体系的形成，是萨特对自己从1933年起所从事的哲学研究的一个总结。这一哲学体系同胡塞尔、海德格尔、柏格森、笛卡儿、卡夫卡有密切的理论联系，但它无疑是一个崭新的、标新立异的体系。

《存在与虚无》集中地、系统地阐述了萨特的存在主义哲学思想，他作为一个研究人的存在的成熟的哲学家的地位也从此确定了，开始受到当时世界上最重要的哲学家，从英国实证主义者罗素到匈牙利马克思主义理论家卢卡契的关注、研究和评论。存在主义从此成为一个可与其他哲学理论相提并论的哲学流派。

哲学与革命

只有什么也不干的人，才不会弄脏自己的手。

——萨特

积极创办 《现代》 杂志

1943 年是萨特成为当代大哲学家的转折年头。

《存在与虚无》的出版，奠定了萨特的地位，也为萨特此后的思想发展打开了广阔的前景。从此，他不仅加强著述活动，而且更积极地参与社会政治活动。

当时，第二次世界大战进入了转折时刻，从 1942 年年底开始，德、意、日三国就已经显示出其疲惫状态：他们再也没有力量发动起新的大规模进攻。相反的，盟军方面则做好了军事上和物质上的充分调集工作，为新的大反攻做好准备。

1942 年 11 月，英美盟军在北非摩洛哥和阿尔及利亚登陆，1943 年 1 月底，萨特等人高兴地得知了德军在伏尔加格勒被击败的消息。

萨特在同法国共产党有密切联系的一些左派知识分子的倡议下，参加了由诗人、法国共产党员埃吕阿德主持的法国全国作家协会。

1944 年，是法国人民成为亡国奴的第四年。人们在希望中等待着等待着。时局越来越对盟军有利，德军已成了强弩之末。

在这一时期，萨特与卡缪友谊更深了。卡缪刚刚写成《局外人》和《西绪福斯的神话》，参加法国北方解放运动的战斗组织，负责情报和地下报纸的工作。

萨特看了卡缪的《局外人》之后，非常钦佩他对于人生和世界的深刻认识和尖刻批评。

萨特这时暂停了《自由之路》的第二部《延缓》的创作，专心创作《其他人》，后来这个剧本被改名为《密室》。当时，他马上想到由卡缪来出演剧中的加尔森最合适，于是他向卡缪发出邀请，并要求卡缪亲自做该剧的导演。

《密室》再次表现了萨特无与伦比的戏剧天才。它的形式十分独特：这是一部由 3 个演员一直在台上表演的独幕剧，没有一个人下场。

《密室》是一部典型的哲理剧，场景设在地狱，3 个人物分别是：懦夫加尔森，同性恋者依奈，杀婴犯埃斯特尔。加尔森爱依奈，依奈爱埃斯特尔，埃斯特尔爱加尔森，3 个死人在地狱里相互爱慕追逐而又钩心斗角，循环往复，没完没了，直至萨特的那句名言："他人就是地狱。"

《密室》剧本最初以《其他人》为题，发表在 1944 年第八期的《弩》杂志上，这本杂志由马克·巴尔伯扎主编，在里昂出版。剧本发表时，萨特题词献给路易·莫列尔夫人。

5 月 27 日，《密室》在"老鸽笼"剧院的公演获得了巨大的成功，好评如潮。

但是，这并不意味着人们对萨特的深刻用意有正确的理解，他们倾向于从字面上的意思来理解"他人就是地狱"这句话，从而给萨特扣上了悲观主义的帽子。

萨特对此十分遗憾，特地在报上发表文章专门对这句台词作了解释：

> 人们以为我想说的意思是，我们与他人的关系时刻都是坏透了的，而且这永远是难以沟通的关系。然而这根本不是我的本意。
>
> 我要说的是，如果与他人的关系被扭曲了，被败坏了，那么他人只能够是地狱。对于我们认识自己来说，他人是我们身上最为重要的因素。

和《存在与虚无》一脉相承，《密室》再次揭示了自由的重要性：通过行动我们可以改变自己为之痛苦的环境、成见、与他人的关系，不论我们处于何种如地狱般的可怕境地，我们都有自由去打碎它。

后来，《密室》在美国获得了最佳外国戏剧的称号，而数不清的国家剧院隆重上演该剧，全世界人都在重复着萨特"他人就是地狱"这一名言。

除了《密室》以外，萨特还在 1943 年至 1944 年之间写了许多短篇剧和短篇文章，其中包括为巴德公司撰写的电影剧本《戏演完了》《伤寒热》《世界末日》等。

1944 年 8 月，解放巴黎的战斗终于打响了！巴黎人民与盟军并肩作战，为解放祖国不遗余力地奉献着自己。大街上，人们砍倒树木、挖掘壕沟、修筑街垒，一个个斗志高昂、精神振奋。子弹不时地打在墙壁上"噼啪"作响。

此时，波伏娃和萨特似乎又回到了青年学生时代，胜利在望给予他们的极大鼓舞，使他们热血沸腾，对未来充满了信心。他们受秘密报纸《战斗报》编辑卡缪的邀请，专门负责巴黎解放的报道工作。

他俩骑着自行车走街串巷，跑遍了巴黎，访问各阶层人物，记述巴黎爱国者对于法西斯及其走狗的最后一击，并且满腔热情地把所见所闻在第一时间报道给大家。

每当写出了一篇文章，萨特或者波伏娃便火速回到《战斗报》总部，把稿子交给主编。他俩撰写的一系列报道在当时的巴黎广为流传，使那些对胜利仍持怀疑态度的法国人看到了新的希望，而那些为自由而战的英勇战士们则由于知道有那么多同志而备受鼓舞。

当时，萨特的报道文章的题目是《漫步于翻腾的巴黎》，这组文章先后发表于 8 月 28 日至 9 月 4 日之间。

巴黎不久将解放的喜悦荡漾在每一个饱受占领之苦的法国人

心中！

9月，萨特继为《战斗报》撰文报道之后，又与波伏娃一起到里兹访问正在当战地记者的美国大文豪海明威。见面时，海明威身穿睡衣，头戴绿色的军帽，坐在满是酒瓶的桌边，他对萨特赞叹说："我只是一个上尉而已，而你呢，你是一个'将军'！"

为了使法国公众了解美军在第二次世界大战中的作用，美国政府曾邀请一大批法国记者到美国访问。于是，卡缪请萨特作为《战斗报》驻美记者。

12月，萨特前往美国前夕，由法共方面掀起对于存在主义哲学的批评风潮，萨特于是又抽空在《行动》杂志上发表题为《关于存在主义》的声明：

这些攻击都产生于一种"错误的信念"和"无知"。你们需要一个替罪羊，你们选中存在主义，因为你们知道这只是关系到一个很少人理解的抽象理论，而且你们知道不会有人去验证你们所说的一切。但我要逐点地回答你们的谴责。

萨特同法共在存在主义哲学问题上的论战，使他获得了更多的机会向公众介绍他的哲学思想。

1945年，法国人民迎来了第一个和平的春天。随着法西斯势力的灭亡，维希政府遭到了人们的彻底摒弃。未来的法国将采取何种政体呢？所有的知识分子开始寻求新的模式。战后的法国经济萧条、社会动荡，人们怀疑一切，再也无法用原有的价值体系对他们进行规范。

不过，这种状况倒是为纷繁多元的思想观念打开了方便之门。这时萨特想到：如何能赋予世界以一种新的意识形态呢？

通过集中营时期的《巴里奥那》和沦陷期间的《苍蝇》，萨特认识到了写作能起到非同小可的重要作用，写作应该成为一种激励自我的召唤、一种介入现实生活的手段，而不仅仅是制造出一个"神圣"的客体或是被降低为一种娱乐、一种消遣。

萨特认为，在这样一个寻求认识自身、认识世界的时代，实在应该有一个渠道，能使人们的急躁、惊讶和赞同等情绪及时得到宣泄；还应该有一个园地通过对于文章的内容和倾向进行选择介绍，来影响同时代人，为他们指引时代的方向。

萨特终于决定：办一本杂志！

这个想法一旦产生，萨特马上决定成立编辑委员会。新杂志取名为《现代》，是萨特和波伏娃在想到他们最喜爱的查理·卓别林主演的《摩登时代》时取下的。

9月，《现代》第一届编辑委员会成立了，阵容空前强大，几乎集中了当时法国知识界最富朝气的生力军：萨特的高师同学、才华横溢的梅隆·庞蒂担任总编；现任新闻部部长马尔罗的参谋、萨特的高师校友雷蒙·阿隆从伦敦赶来，加入了编委会；著名的评论杂志《新法兰西》主编、加利玛尔出版社的让·波朗也成为这个阵营中的一员。

这些人带来了丰富的编辑经验和种种办刊技巧，使得《现代》刚刚问世，就取得了巨大的成功，而且持久不衰。

1945年10月15日，《现代》杂志出第一期，它以崭新的面貌出现在巴黎人面前。创刊号很快被抢购一空，由萨特撰写的饱含激情的创刊词被人们广为传诵。

在创刊词中，萨特不仅概述了刊物的宗旨，而且提出了他的文学创作原则。

他陈述了他思考已久的观点：

文学应该介入生活，他号召人们要坚决抵制对时代不负责任的诱惑。既然作家无法逃避，我们愿意他紧紧怀抱自己的时代，时代为作家而生，作家为时代而生。作家处于他的时代处境中，每句话都有反应，每种沉默也一样。

创刊词表明：萨特自第二次世界大战以来所发生的转变已彻底完成，他已脱离了唯心主义和理想主义的道路，而走上了更有前途的现实主义道路。他再不会像以前那样对政治采取逃避态度，而将持续不断地介入。

《现代》第一期还同时发表了萨特的另外两篇文章：《战争的结束》和《致卡夫卡》。在《战争的结束》一文中，萨特特别强调："战争结束了，但和平还未开始……战争的结束只是意味着这场战争的结束。"在这里，萨特预见到了"冷战"的可能性，并且预示了他在行动中将遵循的政治原则。

创刊号取得的辉煌成绩使萨特一时间声名鹊起，而在同一周内，他所作的讲演《存在主义是一种人道主义》更令他名噪一时。

在演讲中，萨特反复阐述：

我们所理解的存在主义是一种怎样使人的生活过得去的学说，我们的自由完全依赖于别人的自由，而别人的自由依赖于我们的自由。我不得不在争取我的自由的同时，争取别人的自由。

这次演讲是在新落成的"现代俱乐部"内举行的。听众把场内挤得人山人海，走道、后面都挤满了人，而门外还有许多人无法进场，于是发生了猛烈的拥挤，一些听众甚至动起武来，几名妇女当场晕倒。

讲演也引起了新闻界的空前重视，他们对这次讲座大加评论：不是狂热吹捧就是大力抨击。

这一发言也在理论界尤其是哲学界和文学界引起了很大的争论。在专门举办的讨论会上，持不同观点的两派争论激烈，以致双方都失去了理智，无法使自己冷静下来。负责人不得不当机立断：讨论会暂停，以后的讨论分组秘密进行，以达到阻止外人参加的目的。

一夜之间，存在主义成了最时髦的词语，它如潮四起，渗透到巴黎意想不到的每一个角落。而萨特被誉为"存在主义教皇"，而波伏娃则不得不接受"萨特圣母"的称号。

萨特是不希望自己被贴上任何学派的标签的，在一次讨论会上，他试图表示抗议："我的哲学是关于存在的哲学。'存在主义'？我不知道这算什么学说？"

然而，萨特的抗议显然是徒劳的。现在，到处都可以听到有关萨特以及他的作品的传言。在街头，记者们对着萨特拍个没完没了，不时有陌生人冲到他面前来提几个不着边际的问题，有的甚至纠缠不休。许多认出了他的行人在他身后紧紧跟随，不时有人递过来本子请他签名。

连萨特和波伏娃常去的"弗洛"咖啡馆也因此带上了传奇色彩，许多人赶到那儿，企望看到他们心目中的偶像或猎取到关于他们的种种传闻。咖啡馆的老板感到福从天降，因为生意前所未有地红火。

成功带来的不仅仅是名气，是被崇拜。萨特不明白自己怎么惹怒了这么多人，尤其是右派和左派对他进行两面夹击。萨特常常描写战争、人工流产、同性恋、吸毒或卖淫的，这使他的小说展现了一幅资产阶级不愿看到的社会画面，他们甘愿倾听有关温柔的现实的谎言，而不愿正视那已经被异化了的世界。

资产阶级在萨特的著作中看到了自己，但又无法接受他所示范的那种自我超越。他们要求有自我选择的自由，但种种责任令他们厌烦。感到自己处境的尴尬，右翼的人们开始在杂志上、在课堂里、在演说中对萨特大肆攻击。一时之间，"行了，存在主义！"成了最时髦的辱骂之词。

来自右翼的攻击早就在萨特的意料之中，但左派之中竟然也响起了种种不满的声音，他就有些费解和委屈了。左派认为存在主义是一种不健康的哲学，它抛弃生活的乐趣、颠倒价值的比例。共产党的报纸《真理报》用一种讽刺的口吻谈到存在主义："存在主义，它教导人们，一切历史进程都是荒谬的，一切美德都是谬误。"

后来，对存在主义的批评更发展成了对萨特本人的恶意攻击，他的哲学也被人辱骂为"破烂、轻浮，只适合于病人"。人们对于他和波伏娃这种虽来往密切但彼此享有感情和性的独立的特殊关系也大做文章，说萨特是一个道德败坏而又最善于隐藏的家伙。

有一天，居然有人在公开场合大声问萨特："你是不是一个疯子？"

现在的萨特，无论在心智上还是思想上，都已经完全成熟。善意的批评、建议使萨特有所触动，重新审视自己，而恶毒的人身攻击对他却毫无影响，已经学会了自我保护的萨特对此不置一词。

而萨特作为一个冷静而深刻的哲人，他知道路该怎样走。他仍然手笔不停地创作，以更大的热情投身于时代的洪流中。

加入 "革命民主联盟"

1945 年 9 月，萨特的《自由之路》第一、二卷相继发表，这象征着萨特今后要走一条属于他自己的"自由之路"。

对此，萨特概括说："我的目的是写一本关于自由的小说，我打算跟随着几个人物和几个社会集团。这条道路把他们引导到巴黎的解放，而一点也不是导致他们本身的解放。"

在第二部《延缓》排除疾病的插曲中完成暗喻之后，萨特接着指出，《懂事的年龄》和《延缓》都还只是虚假的、不完整的、残缺不全的自由的历史表演。

萨特通过他所描述的不同人物的自由观，明确地表达了他自己所追求的那个真正的自由观。正是这个自由观指导着他自己如何理解他所倡导的"介入"，解释了他在战时所体验到的真正的自由的含义，也使他在《现代》杂志发刊词中所宣扬的"介入"的意义更加具体化了。

同月，萨特还在《存在主义是一种人道主义》的演讲中，更明确地阐述了他的存在主义的自由观，明确主张：自由必须靠人的斗争来选择，人的未来是由他的行为的价值创造的。

成名之后的萨特丝毫没有改变。他还是住在旅店里，还是常常到咖啡店坐坐，他还是无心考虑自己该如何打扮，仍然不结婚，仍然避开社交界，也从不拿作家这个幌子来保护自己。

虽然此时萨特生活的主要内容仍然是写作，但唯一有所变化的是：他对当代政治越来越感兴趣了。每一个重大社会事件、每一篇重要的政治评论都令他密切关注。

第二次世界大战后的法国到处是贫穷、饥荒。食品的短缺不断引起骚乱、罢工和犯罪。就在这种时局下，法国国内各派政治势力却日益显出分崩离析的趋势，政党间的争执不断尖锐化。左、右两派的这种对立，也折射出美、苏两大集团的"冷战"已经拉开了序幕。

萨特一时感到有些茫然："我该走哪一条路呢？"

他一向与狂热的好战者——那些希望以强权、武力来恢复法兰西在世界上的大国地位的戴高乐分子针锋相对，但他也不尽赞成法国共产党不惜一切代价与苏联保持一致的做法。因为苏联作为两个超级大国中的一个，它一直在为战争做准备，因而也在一定程度上把世界推到了危险的境地。

萨特决意避免选择两大集团中的任何一方，而找出第三条路来。他希望通过各种方式来宣扬自己的政治态度，从而影响越来越多的人，达到使法国避免走上歧途的目的。

1946 年 4 月，萨特从美国为一些大学作讲演后返回巴黎，他得了严重的腮腺炎，不得不躺在床上接受波伏娃的服侍。

返回法国后，萨特搬到了圣日耳曼教堂广场附近的波拿巴特街 42 号与母亲同住，因为继父芒西已经于 1945 年 1 月 21 日去世。

1947 年 2 月，萨特在《现代》杂志上发表《什么是文学?》的美学著作，较为系统地论述了他的文学观点，他说：

写作既是揭示世界又是把世界当作任务提供给读者的豪

情。写作是求助于别人的意识以便使自己被承认为对于存在的总汇而言是本质性的东西，不管什么题材，一种本质性的轻盈应该无所不在，提醒人们作品从来都不是一个天生的已知数，而是一个要求，一种奉献。

散文艺术与民主制度休戚相关，只有在民主制度下，散文才保有一个意义。因此，不管你是以什么方式来到文学界的，不管你曾经宣扬过什么观点，文学把你投入战斗；写作，这是某种要求自由的方式；一旦你开始写作，不管你愿意不愿意，你已经介入了。

《什么是文学?》在当时极大地刺激了法国的文学艺术界，不管是什么派别，都不得不承认萨特提出的文学原则引起了文学界的极大震动。

6月2日，萨特第一次应法国哲学会的邀请在巴黎大学讲解《存在与虚无》。在会上，当弗朗西斯·尚松问他："你对你的哲学同行们对你的轻蔑态度将做何反应?"

萨特镇定地回答说："我等他们死掉再说!"

7月，萨特和波伏娃从北欧旅行归来，他从前当老师时的同事吕西安·博纳法正活跃于社会党内，他提议萨特和《现代》的成员可以在每周一次的"现代论坛"节目中播音一次。萨特认为这是一个宣扬自己的政治态度的好机会。

第一次节目开始了，萨特和同事们采取了圆桌讨论会的形式。他们轮番呼吁听众抵制两大集团的"冷战"。于是通过广播，萨特那尖厉的声音回荡在法兰西的上空："无论你们加入哪一派，都只会加剧双方的冲突。和平是可能的!"

10月20日第二次节目是一个政治小品。由舒尔法扮演一名戴高乐分子，而萨特、波伏娃、梅隆·庞蒂、蓬塔利斯和博纳法轮流同他论战，以排山倒海之势驳倒了"假戴高乐分子"的每一种辩解，并借机谴责了戴高乐分子宣扬第三次世界大战不可避免的做法。

广播节目引起了巨大的反响，既有赞同之声，也有指责声。几家报刊开始起劲地诋毁他们，而一些戴高乐分子竟怒气冲冲地来到萨特常去的"弗洛"和"塔布"咖啡馆，里里外外找了个遍后，扬言一定要把萨特痛打一顿。

接着，两位著名的戴高乐分子亨利·多列夫人和吉莱恩·德贝奴维尔在电台反驳萨特的论点。另有一些右翼知识分子则提出挑战：如果这种讨论会继续下去，他们将出来应战。

而且，已经做了戴高乐的新闻部长的马尔罗亲自来到已年逾古稀的加利玛尔那里，发出最后通牒：要么加利玛尔出版社立即停止出版《现代》杂志，要么他马尔罗下台。

加利玛尔出版社内部产生了恐慌。经过了整整 24 小时的调停、协商后，双方才达成一致：《现代》仍由加利玛尔出版社出版，但主编由勒内·朱利玛取代了梅隆·庞蒂。

"现代论坛"节目只持续了 6 次也被政府封杀了。

这件事使萨特意识到：只局限在几个知识分子中的活动远不能改变现实。他开始考虑是否应该组建一个政党，以形成一种较为强大的抵制左、右两种势力的力量，从而为改善国内、国际局势，维持因战争使之更显珍贵的和平而作出尽可能的贡献。

恰在此时，萨特通过梅隆·庞蒂的引见而结识了社会主义政治家胡塞。

初次见面时，萨特对他并无好感：胖墩墩的，一只眼睛上贴着膏药，几颗牙齿已不翼而飞，讲起话来，声音响得像喇叭。乍一看，这不像一位政治家兼高产的作家，而活像一个海盗。

可是不久，萨特对胡塞发生了浓厚的兴趣，因为他也在寻求"第三条路"，而且似乎已经找到了，还创立了名为"革命民主联盟"的政党。这一组织奉行中间路线。它的宗旨是把各种不愿与苏联结盟的社会主义力量联合起来，利用它们建设一个独立于两个集团之外的欧洲，建设一个和平、中立的社会主义。

胡塞不失时机地请萨特加入他们的组织，并请他担任该组织执行委员会的委员。

萨特陷入了生平第一次犹豫不决中。他一直主张追求个人自由，并发誓要为人类的解放而承担责任。然而，他从不曾想过要加入别人的政党。

波伏娃也提出了反对的意见："你已经在这种未见得有任何成果的政治活动中耗费了太多的时间。"

可是，萨特反过来又想到："难道'介入'只是在口头、笔头上介入，而一旦需要真正投入行动时，却躲得远远的吗？"

1948 年 2 月 25 日，布拉格发生政变，这使法国国内的反共情绪和对战争的紧张不安感空前激化。人们对于苏联的入侵议论纷纷，维护和平、避免战争的努力显得空前迫切。

3 月，萨特感到不能再犹豫了！他发表宣言，宣告自己将和胡塞及其战友们站在一起，并向全体法国人民呼吁：在与苏联保持亦步亦趋的法国共产党和投靠资产阶级的国际工人党法国分部之间，仍有一片行动的天地。

萨特全身心地投入到"革命民主联盟"的活动中。很快，该组织便以"萨特与胡塞党"而名气大增。连续几个周末，萨特和同人们聚集在一起，商议共同起草一份呼吁书。他们推敲着每一个字眼，琢磨着每一个标点，力求至善至美。

呼吁书号召人们联合起来，建立一个和平的欧洲：

它不是一个让苏联害怕，欧洲化美国政治的欧洲；它不是一个让美国害怕，共产党和工人党情报局影响欧洲民众的欧洲。

　　法国应当再一次向全世界发出圣·鞠斯特那希望的呼声："幸福在欧洲是一个全新的观念！"我们再以马克思在一百年前发出的呼吁作为补充："全世界无产者和自由人，联合起来！"

　　繁重的政治工作使萨特过度劳累：他生平从未写过这么多文章，参加过如此多的会议。在《战斗报》上，他的一系列政治论文引发了一场争取和平、争取欧洲联合的舆论攻势；而对于"民主与革命联盟"自己的报刊《左派的民主与革命联盟》，他更是倾注了无数的心血。

　　萨特领导"民主与革命联盟"发起了一系列的反战运动，其中声势较大的有：维护印度支那和平局面的请愿运动、支援摩洛哥争取民族独立的运动、反独裁反战争国际日集会等。尽管这些较为温和的行动，很难对时局产生明显的影响，萨特仍然以饱满的精神状态投入到频繁的政治活动中。

　　但是，面对越来越严峻的局势，夹在亲美与亲苏两种力量之间的"民主与革命联盟"逐渐感到难以存身。萨特敏感觉得，这个他倾注了无数心血和精力的组织已经在走下坡路，这表现为组织内部出现了分裂：一部分人想与共产党的社会行动保持一致；而另一部分人借口共产党人反对他们的组织，渐渐地滑向右倾。

　　更糟糕的是，胡塞作为领袖人物，也由于个人野心而逐渐转向亲美，这无疑将直接导致该组织的消亡。

　　萨特与胡塞的意见越来越不合。按照萨特的设想，"民主与革命联盟"的规模应该不大不小，但力量要很强大，足以影响舆论，左右时局。胡塞却倾向于进行大规模的行动，他雄心勃勃，却缺乏明确的目标。他热衷于组织集会，进行演讲。为了使组织的规模再扩大，他决定到美国去募集经费，这种做法遭到了萨特的坚决反对。

然而，已经野心膨胀的胡塞对萨特的劝告置若罔闻，执意要去美国。当他怀揣着美国人的奉承和一些美元回到法国时，他的立场已经彻底转向了。

矛盾越来越尖锐化，当萨特在一次会议上提议资助"抵制独裁和战争日"时，胡塞断然拒绝。

为了表明自己的态度，萨特自己出资召集了一个"民主与革命联盟"大会，宣布自己将与胡塞对着干。至此，这个组织也就名存实亡了。

"民主与革命联盟"的分裂给了萨特以沉重的打击。这个政党在一年内占据了他大量的时间，耗费了他巨大的精力。

"民主与革命同盟"标志着萨特政治生活中的一个重要阶段，正是从这个阶段开始，作为一个哲学家、文学家的萨特真正投入到当代政治社会的斗争中来。这是他第一次真正投身于群众工作，直接参加政治活动。这表明他已不再满足于在主观上、理论上相信自己是正确的了，他开始自觉地找寻自己处境中所包含着的客观性，并通过种种行动来调整自己同这种客观性之间的关系。

这次失败给了萨特一个深刻的教训：

运动不能人为地发起。由于没能真正地吸引群众，组织不可避免地要逃离政治现实，偏离它的既定方向。有了这次经历，我终于学会应采取现实态度。

完成两部剧作

1948 年 2 月 1 日，萨特参加在柏林赫柏尔剧院举行的首次公演《苍蝇》的开幕仪式，并同时参加由西德剧作家们主持的关于《苍蝇》的讨论会。参加这次讨论会的有路塞、威任波恩、多依尼森、罗迪地、卡尔斯、齐默尔曼、斯泰因荷夫以及导演吉尔根・费林。

在会上，萨特比较了德国于 1948 年所面临的环境与法国在 1943 年公演《苍蝇》时的历史背景后，广泛而深入地探讨了无神论、自由和人的解放的一般性问题。

萨特说道：

> 问题不在于弄清我们为什么是自由的，而在于什么是自由之路。
>
> 我们的具体目标，是人的解放：一、人的形而上学的解放，赋予人以完全的意识的自由，他必须向一切企图限制这一自由的人们作斗争；二、人的艺术上的自由。要使自由的人借助于艺术作品更易于相互交流，并使用这一手段使人们投身于自由的气氛中；三、政治的和社会的解放，被压迫者和一切人的解放。

这时，由于"民主与革命联盟"，也为萨特招来了一系列新的攻击。法共方面不断有人著书、演讲，号召人们抵制萨特的"肮脏"著作和他的政治观点。而萨特在这一时期所推出的一部戏剧，更使自己与法共的紧张关系达到了顶点，这就是《肮脏的手》。

《肮脏的手》是一部七幕话剧，发表于《现代》杂志1948年3月号和4月号，第一次单行本于6月份由加利玛尔出版社发行。

4月2日，《肮脏的手》在安托尼剧院首次公演，获得了巨大的成功。这天萨特因故未能到场，演出结束时，人们纷纷走过来和出席首演的波伏娃握手，赞扬声不绝于耳。

从这天起，该剧一直不中断地上演，直至9月20日才落下帷幕。而到了11月，这出戏又在美国百老汇再次连续上演，美国观众对它也是好评如潮。

与观众热烈到极点相比，评论界的反应则冷淡到了极点。资产阶级评论家保持沉默，他们要等着看共产党方面作何评价。共产党人则嗤之以鼻，一位俄国评论家写道："为了30个银币和一盘美国扁豆，萨特把最后一点荣誉和正直都出卖掉了。"

而《人道报》就此对萨特的一生作出了总结："难于索解的哲学家，令人恶心的小说家，引起公愤的剧作家，第三势力的政客……"

随后，资产阶级却反道而行，把一堆一堆恭维话抛向萨特，而美国人则把《肮脏的手》改编得面目全非，并使之带上反苏色彩。

12月初，苏联当局通过芬兰官员要求阻止《肮脏的手》在赫尔辛基的上演。苏联名作家伊利亚·爱伦堡也发表了批评《肮脏的手》的谈话。

共产党之所以对这部戏剧反应如此强烈，因为剧中的两位主角都是共产党员。戏剧的背景是第二次世界大战末期，面临苏联红军占领的东欧某国家。雨果是一位出身于资产阶级家庭的年轻的共产党员，他接受党的派遣，去刺杀一位有着丰富的革命经验的共产党领导人贺德尔。由于贺德尔主张与反动势力进行暂时的妥协，另一位共产党领导人认为他的双手已经沾上了肮脏的血污。

雨果并无法判定贺德尔的行为是否真的是叛变，但为了证明自己能杀人，为了通过完成刺杀任务来与自己所属的阶级划清界限，他在情杀和政治刺杀两种动机混杂的状态中，杀死了贺德尔。

然而两年后党的政策发生了变化：事实证明贺德尔当初的主张是完全正确的，革命要成功就不可能不有一双伸进血污中的手。

雨果顿悟：自己死抱住的那种纯洁的革命理想是多么荒诞啊！他毅然决定离开他的组织和战友们。

尽管萨特无意把此剧写成一部政治剧，但由于主人公和情节带有强烈的政治意味，《肮脏的手》在大众眼里成了一部不折不扣的政治剧。

与萨特的本意相违，人们把《肮脏的手》理解为反共的，因为看完了此剧后的人大多同情雨果。

而萨特是站在贺德尔一边的，为了清楚地表明自己的创作意图，萨特在答记者问时强调："贺德尔代表了革命的现实主义，而雨果则代表了革命的唯心主义。至于我，我想政治要求人们弄脏双手，而且它也必须如此。"

萨特并不想否认共产党，但他希望人们注意到：党内的种种困难和矛盾都已溢出党外，而当一种新的正确的政策路线被提出来时，它往往会被用暴力或和平手段所消灭，这才是这出戏剧最真实、最深刻的内涵。正如剧中党的组织代言人对雨果所说："你不爱人，雨果，你只爱原则，而我爱他们，就爱他们现在的这个样子，连他们的卑鄙龌龊和一切恶习在内。你恨他们，因为你恨自己。你的纯洁等于零。你所梦想的革命，绝不是我们的革命；你并不想改变世界，你只想炸毁世界。"

尽管萨特再三否认自己创作此剧的反对共产党意图，《肮脏的手》还是被用来作为宣传"冷战"的工具。

出于自己的政治目的，萨特于1952年决定禁止这出戏在别的国家上演。当西班牙、希腊、印度等地准备上演该剧时，萨特坚决地阻止了。1952年11月，由于有人将此剧用作反对他即将参加的世界和平大会的武器，他又禁止了该剧在维也纳的上演。

1954 年，当他为再次抗议该剧在维也纳上演而举行记者招待会时，他重申了禁演的理由：

> 我并不否认《肮脏的手》，但我遗憾人们将它另作他用。我的剧本已成了人们打政治仗的阵地，成了政治宣传的工具。在现在这种紧张局势中，我认为该剧在柏林或维也纳这些神经敏感的地方上演是不可能有助于和平的。

《肮脏的手》发表后，萨特把研究重心转向道德问题。

1948 年 12 月 13 日举行的集会上，萨特公开评论马尔罗所说的"欧洲应该从自己的命运出发来思考问题"的言论，他说："今晚在这里聚集的作家们是不相信命运的。道德或是一句无聊的空话，或者它就是集善与恶于一身的具体总体。"

马尔罗立即对加利玛尔出版社施压，要求《现代》杂志迁出该社。就这样，《现代》迁到了朱利亚特出版社那里。

接着，《现代》连续刊载《自由之路》的第三部《心灵之死》。1949 年 10 月，《战斗报》以"无望的战斗"为副题连载了《心灵之死》的节录。

圣诞节萨特是在他的朋友勒梅尔夫人家里度过的，他加紧为剧作家热内的作品撰写序言，并将《自由之路》第四部《最后的机会》的一部分以《奇异的友谊》为题发表在《现代》杂志上。

从此，萨特就中断了《自由之路》的创作。后来他谈到了不再写下去的主要理由：

> 首先是因为我为必须写完我的小说而烦恼。第四卷又必须谈及抵抗运动。当时的选择是容易的，虽然作此选择需要

费很大勇气。或者是拥护，或者是反对德国人。这是黑与白之间的选择。

现在，特别是 1945 年以来，形势是更加复杂的。我不能在这个以 1943 年为背景的小说中表达我们现在这个时代的含糊性；从另一方面讲，这个未完成的作品给我一个压力。未完成这个作品之前，我很难开始着手另一部作品。

萨特很关心国际共产主义运动的发展，1950 年夏，他为路易·达尔马所写的《与莫斯科断绝后的南斯拉夫共产主义》一书写序时，毫无掩饰地表达了他对铁托的赞赏。

这篇序言标志着萨特同马克思主义的争论进入了新的阶段，他对马克思主义的探索已从历史领域深入到基本的理论问题：关于主观性与客观性的关系问题。

他说："应该重新思考马克思主义，重新思考人。"

这年 6 月，朝鲜战争爆发；10 月，麦克阿瑟率军打过三八线。由于对时局的看法不同，萨特与梅隆·庞蒂发生了重大分歧。战争使梅隆转入了否定政治的立场，他使《现代》对这一重大事件保持沉默。萨特则要求杂志对这个问题发表意见，表明立场，他为《现代》未能触及现时代的大事而感到遗憾。

萨特再次陷入了迷惘和悲观之中，他再次感到无所适从："美国方面那么寡廉鲜耻，苏联方面又那么偏执狂热，真不知世界上还给我们留下什么容身之地。"

萨特知道自己必须作出抉择，但他无法预测这种抉择可能引起的后果，这使他深刻地感受到自己处境的矛盾性。现在，他唯一能做的是谴责和揭露美国当局：

你们的道德感很强，极其拘谨，但你们奉行的政策却与你们的道德感相抵触，你们问心有愧，总是觉得苦恼。

这样你们就被拖进了地狱，被迫参加朝鲜战争，在朝鲜人中间同朝鲜人战斗。再者，你们对解决朝鲜统一问题并无诚意，因为你们害怕北方共产党人会控制整个朝鲜。

朝鲜战争又使萨特经受了一次冲击，他越来越深切地感受到一个十分尖锐而又无力突破的矛盾：个人自由和一切人的自由、实践的有效性和道德的纯洁性之间的矛盾。

萨特决定首先在创作中回答这一问题。这次，他仍然选择了戏剧这种形式。

1951 年年初，为了完成新剧本《魔鬼与上帝》的创作，萨特需要安静，于是他离开了巴黎，和波伏娃来到滑雪旅游区奥隆。

在这里，每天波伏娃出去滑雪，萨特则足不出户地在旅馆内创作。下午 17 时，每当波伏娃带着山间的余雪和新鲜的空气回到萨特的房间时，往往见到他在一片烟雾缭绕中奋笔疾书。每当她要把萨特从他的剧情中拉出来去客厅里吃晚饭，都要费九牛二虎之力。

离开奥隆后，他们又重访了马蒂埃尔、加桑等地。但萨特一直沉湎于 16 世纪的德国——他的新剧本的背景中，无论到了哪儿，总是待在旅馆里沉思，写作，再沉思，再写作。即使波伏娃兴致勃勃地游玩回来，给他描绘当地大街小巷的奇景逸事时，他也从不表示出兴趣。

《魔鬼与上帝》是一个 3 幕 11 场的戏，在萨特刚着手写作时就在 6 月的《现代》杂志上连载并开始排演了，这以后便是边写边排。

萨特在与路易·马丁·索非耶谈到这部戏剧时说："这部戏虽然是发生在 400 多年前，但实际是也是《肮脏的手》的续集。我试图向观众表现一个如同雨果那样，与他的同时代的群众有区别的形象。问题在于弄清他如何摆脱出右派的无政府主义而参加农民战争。该剧论述了人与上帝的关系，或者说，人与绝对的关系。"

这出戏主要塑造了葛茨的形象。葛茨是贵族和平民的私生子，作为德国最杰出的军事指挥家，他带领着自己的军队到处烧杀抢劫、无恶不作，借此来表明自己在与上帝和自己的本性作对——他选择做一个魔鬼。

就在他打算再掠夺一座城市，再进行一场血腥的屠杀之时，一场争论和一个赌局使他变成了一个善人。从此，他把自己的土地都分给了农民，专行圣洁、慈善之事，试图创建一座没有罪恶、没有饥荒、没有任何暴力的幸福之城。

然而，由于现实的形成包含了深重的历史积淀，个人的觉悟并不能改变所有人的固有观念，葛茨实心实意的善行先是不为人理解，后来竟导致了一场真正的灾难性的战争。最后他不得不再次回到军队中，担任作战的军事指挥，重操昔日杀人的旧业。

1951 年至 1952 年一年间，《魔鬼与上帝》在安托尼剧院不间断地演出了 120 场，并延续至第二年度的演出季节，不论是赞成还是反对，人们对这出戏的反应十分热烈。

和《肮脏的手》一样，《魔鬼与上帝》同样使萨特受到来自各方面的攻击。

由于涉及上帝，基督徒们在演出前就很警觉了，天主教书评家亨利·丹尼尔·罗普斯在彩排时即混进了剧院观看，他当即警告大众，说萨特的这部新作是一部"荒诞的渎神"之作，是一架"反对上帝的机器"。

而法共方面则指责《魔鬼与上帝》对自己有讽刺的意味：好战的平民领袖纳司蒂在革命条件还未成熟之时，就号召农民举行起义。

萨特不得不忙于接受左、右两派报刊记者的采访，并在予以适当回击的同时，尽可能清楚地阐述自己的创作宗旨，以给观看此剧的观众以正确的引导：

　　有人说我要通过《魔鬼与上帝》论证上帝不存在，而我是失败了。但我是多题材作家，为了论证上帝之不存在，我有自由进行尝试，但实际上我并不想论证任何东西。

　　我要想做的是论述无上帝的人；这个问题之所以重要，并不是由于某种对于上帝的怀念，而是因为很难在苏联和美国之间、在应该是社会主义的地方，考虑我们这个时代的人。

　　这是现实的问题，但20世纪的人却在毫无对之思索的情况之下为之沉重地担忧。在16世纪，人们遇到类似问题转化为个人的冒险故事中。《魔鬼与上帝》便是这样一个个人冒险的故事。

　　但总的来说，《魔鬼与上帝》的上演是成功的。舆论界既从左的方面，又从右的方面；既从政治方面，也从文学艺术的角度，活跃地讨论了《魔鬼与上帝》的价值、影响及问题。

改善同共产党的关系

1952 年是萨特政治思想的一个重要转折点。

自 1949 年年底以来，他就反复总结从战争结束后自己"介入"生活的历程，环顾法国、欧洲及世界局势的发展，他似乎感受到了由马克思主义所指引的共产主义运动的发展在改造这个旧世界中所起的重要作用，深深地感受到了世界无产阶级力量的伟大。

而此时，萨特再也不能忍受那个把他撕成两半的矛盾，不能再有什么迟疑，不能再有什么妥协，他感到自己必须尽快作出明确的选择。种种外部环境告诉他：在左派面前，只有一条路还没有被堵塞，那就是必须迈出向共产党靠拢的坚定步伐。

1950 年 5 月，法国海军水兵、法共党员亨利·马丁因在南部军港土伦张贴反对印度支那的殖民战争的宣传标语而被逮捕，并判处他 5 年有期徒刑。

尽管法共方面仍有人在攻击改编成电影的《肮脏的手》，但几位负责人开始采取友好的态度，他们请萨特加入"争取释放亨利·马丁委员会"，并就此事件与他合作写一本书以使事实真相公之于众。

萨特立刻答应了，并投入了营救亨利·马丁的行动中。

1952 年 1 月，萨特和一些非共产党人士联名给总统奥里约写了一封信，要求特赦马丁。奥里约接见了萨特，他承认对马丁的判处过重了些，但只要共产党人发起的这场营救马丁的运动还在进行，他就无法考虑特赦马丁。

萨特及共产党人并不气馁，萨特即对《行动报》记者阿斯特发表谈话，该谈话以《应该重新实施公理》为题发表在 1 月 24 日的

《行动报》上。

　　萨特指出："亨利·马丁事件反映了所有青年的困惑，在这个形势下，政治为青年带来另外一种完全不同于他们所向往的东西的价值，马丁事件成为杜鲁门反对斯大林的借口！"

　　萨特还为旨在揭露马丁事件所有细节的《马丁事件》一书写了100多页的序言和说明，为要求特赦马丁提供论据。

　　此后，萨特在政治上与共产党进一步接近，认为"共产党是工人阶级意识确切而必要的体现"。不过，萨特无意加入共产党，他怕太接近了反而会远离他自己所寻找的真理。

　　当年夏天，萨特和波伏娃去了意大利，打算做为期3周的旅行。但就在这时，美国将军李奇微接替艾森豪威尔出任北大西洋公约组织武装部队最高统帅访问巴黎，法共重要领导人雅克·杜克洛参加了反对李奇微和抗议法国政府拒释亨利·马丁的示威游行而遭到逮捕。

　　萨特闻讯之后，立即赶回巴黎。他再也无法抑制住心头的愤怒，立即执笔写了《共产党人与和平》的第一部分。揭露美帝国主义的战争政策，支持法共及国际工人力量维护世界和平的正义立场。

　　《共产党人与和平》的第一部分在《现代》上连载，文章中充满了论战的激情，它不仅回答了右派与非共产党左派对共产党的种种指责，而且试图探究一些很深刻的问题，例如，他在文章中指出：

　　　　共产党在何种程度上是工人阶级的必然的代表；又在何种程度上是后者确切的代表。

　　萨特还对"群众"与"工人阶级"作了基本的区分：群众是由孤独而软弱的个人组成的结合体，而工人阶级则由革命实践联合起来，共产党就是这种实践的必然中介。共产主义是不可避免的。

　　这篇文章在左派知识分子中间引起了巨大的反响，引发了以梅隆·庞蒂为首的一批《现代》杂志同人的反对。其中有些人是因为实在无法赞同萨特的政治见解，而有些人则是因为发现同萨特连在一起会给自己带来损害。许多人公开、半公开地同萨特一刀两断。

12月，萨特第一次参加在维也纳举行的保卫世界和平大会。他在大会上发言宣称："这个大会应该成为我们的自觉的意愿的象征；正是在这个意愿的基础上，我们将在我们的国家里以新的义务和新的任务重合在一起。"

回到巴黎后，萨特对《法兰西文学》发表谈话说："在我一生中，自我成为成年人以来，共有3件大事使我突然地充满着希望：1936年的人民阵线，从法西斯统治下的解放，和在维也纳和平大会。"

1953年，《亨利·马丁事件》一书出版，1953年8月，马丁终于被宣布无罪释放。10月，萨特在针对这次胜利的谈话中表明："一个知识分子的义务是揭露到处存在的非正义。"

这本书激起了不小的反响，人们对萨特日益鲜明的趋共立场感到吃惊："这本书，是一个资产阶级分子与其本阶级决裂的行为。"此外，由于新聘用了两位左派知识分子——贝居和朗之曼做编辑，《现代》杂志重新带上了浓厚的政治色彩。

萨特把自己在这一段时期内与法共的关系，称作是共产党人的"同路人"。6月7日，他曾对路易·马丁·索非耶说过："同路人就是，我认为就是站在党外来思索何为真理，希望对党有所补充的人。所有同情无产阶级的人都必然要同共产党站在一起。"

萨特从未像现在这样接近共产主义者，但作为一个真诚的革新分子，他不想抛弃自己独特的判断力，也不想让人们误解他已经与共产党员无界限。他也逐渐认识到，共产主义不是一夜之间就会到来的，但资产阶级政权想使自己永世长存，而马克思主义却已预见到了自己的未来。社会主义的暴力不过是一个新纪元在儿童时期的疾病，人类必须经过一段迂回曲折的道路才能具备真正的人道主义。

萨特重新阅读了马克思、列宁、卢森堡等人的著作。他试图朝马克思主义方向扩展他的哲学，但并不抛弃他自己的原则和目的。

同共产党的关系的改善，也导致萨特对苏联的好感。

1954年5月，他完成了为摄影家卡蒂耶·布列松的摄影集写序和参加雷诺汽车厂工人关于伏契克的《绞刑架下的报告》的座谈会之后，前往东柏林参加世界和平理事会。会后，他应苏联的邀请，访问苏联。

萨特在苏联访问了20多天，走遍了莫斯科、彼得格勒和乌兹别克斯坦。回到巴黎后，应《解放报》要求连续写了5篇观感。

他指出：

在苏联存在着进行批评的完全的自由；苏联公民随着社会的不断进步，一直不停地改善着自己的条件。在苏联，文学活动并不是只属于贵族的清闲事儿，苏联的哲学家们是创建者，对他们来说，马克思主义在原则上就是我们所理解的那些。在苏联，我看到了新型的人。

1955年9月，为了进一步了解共产主义的实践，萨特和波伏娃还应邀来到中国，进行了为期45天的访问。

9月6日，萨特和波伏娃抵达北京，参加了在天安门广场的中国国庆阅兵游行仪式。

当两人在中国人的带领下，来到北京、上海和沈阳的街道时，那种美妙、新鲜的感觉弥补了双方相互的不了解。

正处在"大跃进"时期的中国使萨特与波伏娃大为震动，在革命成功后的短短几年内，中国已经较好地解决了通货膨胀、贫穷、饥饿、流行病、婴儿死亡率偏高等一些常常伴随着革命而来的问题。最让他们钦佩的是：从新生的政界、杰出人物到工人，艰苦朴素蔚然成风。

不过，萨特也第一次完全懂得了"不发达国家"这个词的含义，体会到了当贫困困扰着 6 亿人口时，贫困意味着什么。

10 月 23 日，法国共产党创办的《人道报》在"星期副刊"中刊载了记者保尔·梯亚德写的访问萨特与波伏娃的文章，萨特和波伏娃均表示："我们毫无保留地赞扬新中国的成就。看到中国人民是以怎样深切的急迫心情在为自己建设未来，我们感慨万千。"

11 月 2 日，萨特接受了《人民日报》记者的采访，发表了热情洋溢的讲话，盛赞："在中国，直接的现实是未来，一个伟大的民族为了建立一种更人道和更公正的社会制度而努力。这个国家比我过去所能预想的更加热情得多，更加感人得多。"

中国外交部部长陈毅在人民大会堂接见了萨特和波伏娃。

回到巴黎后，萨特在 12 月 1 日和 8 日的《法兰西观察家》周刊上连续发表《我所看到的中国》。而波伏娃后来也完成了她专论中国的《万里长征》。同时《现代》杂志也将 9 月和 10 月两期合并，成为《中国专刊》，集中报道和讨论中国。

创作《辩证理性批判》

1956 年 2 月，苏共二十大在莫斯科召开。

这时，萨特对教条的马克思主义产生了怀疑，他认为，现有的马克思主义必须同他的存在主义相结合，才能摆脱其原有的"僵化"状态。

2 月 20 日，萨特发表《改良主义与偶像》，在文中说：

> 马克思主义是自资产阶级思想死亡以来唯一代表文化的，是唯一能理解人、作品和事件的理论。但由于教条主义的影响，在法国，马克思主义已经停滞不前了。

萨特与波伏娃一直很喜欢旅游，他们已经游遍了大半个世界。在所有的国家中，他俩最喜欢意大利，而在所有的城市中他俩最钟情罗马。他俩决定：以后每年夏季都要来这里的国家旅馆住上两个月。

1956 年夏天的罗马格外让人心旷神怡，尤其是眼见意大利人成功地实现了萨特期望在法国实现的愿望：左派空前地团结在了一起，几乎每一个知识分子都支持共产党，而共产党也一直信守他们的人道主义立场。面对如此友好、自由的气氛，萨特的旅游心情格外好。

10 月 24 日，萨特、波伏娃正与意大利共产党员画家古图索一起愉快地共进晚餐，一张报纸上的大标题让他们惊呆了：

> 苏联出兵占领匈牙利首都布达佩斯，苏联陆军和空军进攻叛乱者，逮捕和枪杀反对匈牙利前社会主义政府的人们。

仿佛被人打了一闷棍，他们三人弄不清所发生的一切到底意味着什么。他们只能心神不宁地一遍又一遍地仔细阅读报道。

想到几百万人正陷入极度的痛苦之中，萨特将杯中的威士忌一饮而尽，激动地说："苏联是社会主义的最后机会，而它却背叛了社会主义。"

古图索眼含热泪接过话头："而我们既不能赞同这一干涉，也不能谴责苏联。"

为了抵制绝望情绪，萨特拼命说话，并大口大口地灌威士忌，酒把他呛得眼泪直流。然而一切都无济于事，他感到自己的心开始滴血：难道过去将近4年时间里自己设法与共产主义保持一致而做的努力都付之东流了吗？

但是，法共对这次事件的态度是模棱两可的，对事件的真相老是闪烁其词。他们用"法西斯主义者的暴动"来称这次匈牙利发生的动乱，并称布达佩斯工人为"堕落阶级的残渣""凡尔赛分子"。他们仍然无保留地与苏联保持一致。

11月4日，苏联第二次入侵匈牙利，萨特感到必须立刻向世人表明他愤怒的谴责。

他在赶回巴黎不久，就在《快报》周刊发表谈话，他在报刊中指出：

> 不管怎样，干涉就是犯罪。我整个地和毫无保留地谴责苏联的侵略。苏联人民对此毫无责任，我要谴责的是现在的苏联政府犯了罪，我非常遗憾地，但又是彻底地同那些没有揭露匈牙利屠杀行径的苏联作家朋友们断绝关系。与苏联官僚领导集团保持友谊是不可能的，统治就是恐怖。

萨特还以同样坚决的口吻谴责了对苏联部队的血腥干预表示支持的法共领导，指出他们的反应是根本不负责任的。

这次谈话在法国引起了轰动，而出于各自不同的目的，国外电台、报刊也纷纷进行引用。

不论他人作何理解，萨特继续做着他认为应该做的事。11 月 7 日，他代表法国作家协会，会同其他几位有名的作家，联名给匈牙利政府卡达尔总理写了一份反对苏联干涉的抗议书，然后发表在具有广泛影响的《法兰西观察家》周刊上。他们还在全国作家委员会上集会，悼念被判死刑的匈牙利记者，在集会上，他们大胆地喊出"强烈要求保护匈牙利作家的物质和精神利益"等口号。

接着，在萨特的支持下，法国和平理事会于 12 月初作出决议，坚决要求苏联从匈牙利撤兵。同时，萨特还辞去了法苏友协副主席的职务，并为一本匈牙利流亡者所著的书作序。

不久，35 位苏联作家联名写信给萨特，对他所采取的态度表示惋惜。

1957 年 1 月号的《现代》杂志是一份讨论匈牙利问题的专号，内容几乎包括了从苏联二十大至匈牙利事变之间所发生的一切，在长达 20 页的社论《斯大林的幽灵》中，萨特指出了这份杂志未来的新方向——"真正的政治行动必须包含对其本身的道德估价"。

正是基于这一原则，萨特批判了苏联对待周边社会主义国家的武装干涉态度。

在文章的最后，萨特沉痛地谈到他与共产党的关系：

我们与共产党人相互讨论已经几年了，最初双方唇枪舌剑，后来转而友好相处。

今天，我们重又回到了对立的状态：原因仅仅是没有别的办法。与现在这样的，并试图这样继续下去的共产党联盟，其结果只会给实现唯一的阵线的最后一些希望带来危害。

　　萨特细细地回顾自己所走过的路，他发现自己并没有错：苏联领导人所犯下的种种错误并不代表社会主义本身行不通，它仍然是当今人类的唯一希望——虽然它在苏联所形成的现实已经在一定程度上被歪曲了，已经不那么纯粹了。

　　萨特开始重新思考马克思主义：能不能构建一种"活的马克思主义"呢？

　　为此，萨特与反对他的共产党人进行频繁的讨论，与流亡到法国来的波兰知识分子一起探讨。如何从内涵上复活马克思主义，而不是从表面上加以修改。

　　现实斗争的失败，再次使萨特回到他的哲学思考上来："怎样才能从内部激活马克思主义，从而使这一时代的哲学更具启发性和可调节性，而不至于变成一种僵化的教条？"

　　这一问题事实上与萨特自从在政治上向共产党靠拢以来一直思考着的一个问题相重合，这就是马克思主义与存在主义的关系问题。这种思考的结果便产生了萨特第二本最重要的哲学著作——《辩证理性批判》。

　　这年秋天，萨特的戏在波兰华沙上演，他与波伏娃应邀访问波兰，波兰杂志《克拉科夫》的负责人利索威斯基约请萨特写一篇有关马克思主义和存在主义的关系的文章。

　　正是这篇文章，使萨特一发而不可收，他感到只有写一本书，才可能较为清楚地阐述这二者之间的关系。于是从年底开始，萨特忘情地撰写《辩证理性批判》。

　　这次，萨特的创作状态使波伏娃大吃一惊。平时写作时，萨特总是写写停停，写完一部分后总要回头看看，思考后再做修改，有时会把不满意的那页纸撕碎，从头再写。这一次，他的写作速度快得吓人，他总是一连几小时不停地写，写完一页就翻过去，从来不回过头来看看自己已完成的内容。

然而，即使萨特保持着这样的写作速度，还是跟不上他思考的进程。因此他常常一边写作，一边"嘎吱嘎吱"地嚼兴奋剂胶丸。开始他只嚼少量几粒，接着用量逐渐增多，到最后每天的剂量竟达到整整一瓶20粒！

每到傍晚，已经连续伏案10个小时的萨特实在是精疲力竭了，他不得不停下笔来。

由于全部的注意力松弛了下来，他看上去有些迷糊，说起话来含混不清，颠三倒四。

晚上，萨特无法继续工作，总是待在波伏娃所住的公寓里消磨时光。当喝完第一杯威士忌时，他就开始语无伦次了。

波伏娃从萨特手中拿过酒瓶，嗔怪地说："就喝这么多吧！"

已经满脸涨红的萨特却十分固执："不行，再喝一杯，我得放松放松。"

波伏娃没有办法，只得替他再倒上一杯。接着，他还要喝，于是又一杯，再一杯……他已经失去了对自己言行的控制力。

波伏娃试图与他争论，然而无济于事，而且吵架只会增加萨特的疲惫。

波伏娃心如刀割，却又实在无计可施。有两三次，她实在无法控制自己的情绪，把酒杯在厨房里的瓷砖地板上摔得粉碎，泪如泉涌。

好在，在萨特这种飞速的写作状态下，《辩证理性批判》没用多久便完成了。

《辩证理性批判》是萨特通过"批判"，把存在主义思想"补充"到"具有强大生命力"的马克思主义里面去，从而使马克思主义"适应时代的需要"的一种尝试。萨特认为，马克思主义仍然是我们这个时代的哲学，是不可超越的。可是，由于受到"偶然的历史条件"的限制，马克思主义已变成了教条主义。

萨特批判了马克思主义的"迟钝性"与"先验性"，提出唯有"人类的创造性"和"个人的主观性"才能作为客观性的两个因素的中介物，才能理解社会和历史。

最后他建议马克思主义理论家应一方面接受美国社会学的研究成果，另一方面应用精神分析学分析作为整体的人，以便更深刻地研究人的创造性，为其辩证法提供坚实的依据。

《辩证理性批判》是萨特总结自《存在与虚无》出版以来的理论研究和生活经历的产物。《存在与虚无》主要是借助于对行为的分析，从心理和道德两方面考察人类的异化；而《辩证理性批判》则通过引入马克思主义的"历史唯物主义"补充了这种异化的历史和社会的原因，从而使存在主义理论更完整、更合理地说明了被异化了的自由的存在。

不同于一般哲学家的作品的引经据典、旁采博收、前有概要、后有结论，《辩证理性批判》在体裁和文字上可谓随心所欲、不拘形式。它的段落都很长很长，句子多是长句，有时一个长句竟占去半页之多。

另外，萨特还在其中插入了许多自己创造的新术语、新概念，因此比起《存在与虚无》来，《辩证理性批判》更让普通读者难以理解。

正因为这样，1960 年 4 月当《辩证理性批判》出版之后，有很多人批评该书文字不连贯，思想观点有断裂迹象，使人难以理解书中的逻辑。

而萨特在接见《美学杂志》记者皮埃尔·菲尔斯特列登时，对此解释说："我当然可以把它写得更好。但这些是《辩证理性批判》的枝节支流问题。《辩证理性批判》的句子的段落可能给人以支离破碎之感，但其中的每一句话都表现一个辩证法运动的统一性。它主要回答如下的问题：我们现在是否有可能创建一个结构和历史的人类学？"

《辩证理性批判》从出版以来，评论家们的分析的判断是多种多样的。著名的哲学家和人类学家克劳特·列维·施特劳斯曾在1961年内，用整整一个学期的时间，在他所主持的法国高等研究院学习讨论会上组织学生讨论《辩证理性批判》的主要问题。

施特劳斯还在他的名著《原始思维》中，专设一章集中探讨《辩证理性批判》所提出的主要问题。

他指出：

　　　　萨特在《辩证理性批判》中表现出一种在"分析理性"和"辩证理性"之间的动摇不定：有时，萨特把这两种理性当作"魔鬼与上帝"对立起来；有时，他又把两者看作是相互补充的，是通向同一真理的不同道路。

哲学与社会

　　我想在其中指出，一个人是如何能够从被认为是神圣的文学转入行动的，尽管这依然是一个知识分子的行动。

—— 萨特

拒领诺贝尔文学奖

从 1962 年起，由于当时的国际政治和外交斗争形势以及西欧各国所面临的社会危机，萨特在一系列事件中都表现出同共产党一致立场，于是，他开始恢复了同苏联的友好关系。

1962 年 6 月 1 日至 24 日，萨特与波伏娃再度去波兰和苏联，并与翻译列娜·佐尼娜建立了深厚的友谊。在访问期间，见到了许多著名的苏联作家，如西蒙诺夫、费定、沃兹涅先斯基、爱伦堡等。并且受到了苏联总理赫鲁晓夫的接见。

7 月 9 日至 14 日，萨特再次赴莫斯科，参加世界和平和普遍裁军大会，在会上以《文化的非军事化》为题发言。在发言中，萨特批判地考察了"冷战"时期的西方文化，并以奥地利伟大作家卡夫卡的文学作品的遭遇为例，论证文化已蜕化为政治和军事冲突的附庸。萨特最后说："我是属于现实主义作家的范围之内的，因为我不能想象会有一个毫无现实意义的文学存在。"

多年来，萨特咀嚼着卡夫卡的这句话："我肩负着一项使命，然而并没有人赋予我这一使命。"

但萨特又产生了更大的疑惑："我为什么会写作？究竟是什么支配我写了那么多作品呢？"

为了彻底弄清自己与写作之间的关系，早在 1953 年，萨特就有了写一部自传的打算。1954 年是萨特与共产党最接近的时期，他被抛入到行动的环境中，成为另一个新世界的皈依者，这种巨变使萨特突然领悟了他以前一直没有发现的、支配着他的写作生活的某种神经症。于是，他当即开始了自传的写作，对自己的前半生进行了一次严酷无情的精神分析。

由于不想以不成熟的面目示人，萨特将这一年写成的初稿束之高阁，直至 1962 年又一次对此书进行修改推敲，加工润色。

1963 年年底，萨特在刚刚度过圣诞节后，又去莫斯科参加"国际作家联盟"的筹备工作。在会上，他发表了论小说的发言。

1964 年 1 月，以随笔形式写成的童年自传《字句》出版了。

《字句》只写了萨特从 1905 年出生至 1917 年共 12 年间的经历，他要在这短短 12 年中挖掘出他与文学的姻缘，也就是他是如何走上文学之路的。因此萨特并没有去写一些逸事趣闻，而是用日益娴熟的存在主义批评方法对自己进行深刻、精细的剖析。

在自传中，萨特把自己放到童年生活的特定环境之中，入情入理地指出他在何种程度上是社会的产物，而他的童年又在何种程度上影响了他的成年。

萨特顽固地认为，自己之所以选择了写作作为终身职业，主要是因为童年时过于迷信文学的力量。这种"神经官能症"来源于资产阶级社会和家庭使他养成的强烈表演欲、自命不凡感；而由于寄人篱下的处境，他又急于寻找一个存在的理由——他终于把文学变成了某种绝对的东西，相信自己是为写作而生。

而今，萨特终于发现这种文学神话不过是一种虚幻，就像在现实生活中常感到自己无能为力一样，字句在他眼中渐渐丧失了原有的魅力。对一个饥寒交迫的人来说，它不如一块面包和一件衣服，它也无回天之力去救一个奄奄一息的孩子。

旧的神话破灭了，写作不再是普度众生的英雄行为，剩下的余生又如何安排呢？正是为了不使这部自传的调子过于低沉，萨特没有更早地发表这部作品。他必须有勇气带着童年，背负着社会存在加于他的重荷去面对未来，而不能在悲观颓丧中消沉下去。

《字句》一出版，这本篇幅不长、印制粗糙的书立刻被抢购一空，评论界尽管在具体问题的理解上有所争议，但达成了一点共识：这是一部优秀的作品。在半年之内，这本小小的书一直居所有畅销书的首位。有专家指出《字句》堪与古往今来最经典的自传作品相媲美。而萨特那已经81岁高龄的母亲安娜对这本书作了最有意思的评论，她说："保罗对他的童年时代其实什么也不懂。"

1964年10月22日，诺贝尔奖委员会决定授予萨特诺贝尔文学奖。授奖理由是："《字句》这部辉煌的著作表现出萨特那种精练、尖锐的创作风格已经到达了巅峰状态，他那思想丰富、充满自由气息和探求真理精神的作品已对我们时代产生了深远影响。"

萨特可能成为本年度诺贝尔奖得主的第一次暗示，出现在10月15日《费加罗报》的一条消息上，说萨特已经成为诺奖提名候选人。萨特当即写了一个简短声明刊登在10月22日的斯德哥尔摩的报纸上，表示他将不会接受这个奖："由于个人的原因，我不愿意出现在万能的荣誉者的名单上。"

而当萨特真正获得诺贝尔文学奖的消息传到他耳朵里时，他正和波伏娃在巴黎14区的"东方酒店"吃饭。这时，记者们出现了，告诉他已获得了今年的诺贝尔奖。

萨特皱着眉头对波伏娃说："我实在是弄不明白，为什么瑞典皇家学院不理会我的婉言谢绝？"

萨特当即起草了一个声明，表示他拒绝领受此奖，它将被译成瑞典语在斯德哥尔摩宣读，而法新社抢先公布了法文原件。

在声明中，萨特陈述了自己拒领诺贝尔文学奖的理由：

我的拒绝并不是什么仓促的突然行动，我一向谢绝一切来自官方的荣誉。一个对政治、社会、文学表明其态度的作家，他只有运用他的手段，即写下来的文字来行动，他所获得的一切荣誉都会使读者产生一种压力。

所以作家应该拒绝被转变成机构，哪怕是以接受诺贝尔奖这样令人尊敬的荣誉为其形式。目前文化战线上存在的唯一斗争，是为东西方两种文化和平共处而斗争。

我知道诺贝尔奖金本身并不是西方集团的奖金，但现在人为地成了这样一种奖金，客观上成为一种保留给西方作家和东方叛逆的荣誉。

如果我接受了诺贝尔奖金，或许就等于被收买了。

拒领这样一个世界最重要的奖项，使萨特再次成为媒介关注的焦点，记者们像影子一样跟着他，他只好躲到波伏娃那里，然而母亲打电话来，抱怨说她一刻也不得安宁，门外等候着一大群记者。

不久，记者们已经猜到了萨特的行踪，于是，波伏娃公寓的门铃开始没完没了地响。

萨特只好离开这里回到自己的寓所，成群的摄影记者跟在后面，还有一辆电视摄像车，尽管萨特一言不发，他们还是一步不离地跟着他到寓所。

他不得不发表了简短的讲话："我希望我的书能由那些想读我的书的人，而不是那些沽名钓誉的人来读，我拒绝荣誉称号，因为这会使人受到约束，而我一心只想做个自由人，一个作家应该真诚地做人。"

但记者们毫无去意。当萨特跨进门的时候，他回头对仍然不肯罢休的记者说："我不希望自己被埋葬。"

一个常年在他公寓旁开着一家肉铺的妇女同情地说："萨特先生真可怜！前年是秘密军队组织，如今是诺贝尔奖，他们总不让他清静！"

新闻界不满意萨特在声明中所做的解释，人们企图自己猜测出他拒绝的真正原因，一时间说什么的都有：有的指责萨特是因为好出风头才特意安排了这一切；有的暗示说他拒绝领奖是因为卡缪先于他在1957年得奖；有的说他不去领奖是因为害怕波伏娃妒忌；还有人说心比天高的萨特是出于骄傲而拒绝所有的荣誉；更有甚者，说萨特早已腰缠万贯，所以根本不把这点奖金放在眼里……

而许多素有名望的人也对萨特此举持否定态度。作家加布里埃尔·马塞尔认为萨特根本没有资格获得这一荣誉："评委捧上天的是一位西方掘墓人"；安德烈·布勒东则声称萨特此举带有明显的政治意图："拒绝使东方集团的宣传得了一分。"

萨特在苏联的作家朋友们也对他这种姿态表示出不理解："当萨特为帕斯捷尔纳克在肖洛霍夫之前拿到诺贝尔奖而感到遗憾时，他就站到了斯大林主义一边，这是为这些自由主义者所无法接受的。"

最让萨特啼笑皆非的是一些穷人给他的来信，他们众口一词地写道："把你拒绝的钱给我吧！"

一般人倾向于把拒领诺贝尔奖理解成由萨特的某些个人原因造成，右翼分子们更对此借题发挥。不过，大多数知识分子还是赞赏这一气度不凡的举动的。

青年学生尤其对萨特拒领诺贝尔奖表示支持，他们说如果萨特去领了这个奖，无疑会让他们大失所望。如今，萨特是他们心目中最值得尊敬和崇拜的大师，他的一举一动、一言一行都散发着魅力与魄力。

直至数年后，"拒领诺贝尔事件"又出现余波，有谣言说萨特授意其他人去补领这份奖金。萨特当即出面否定了这一说法。

拒领世界上级别最高的一种荣誉的确是一件颇招争议、令人费解的事，它也成为萨特具有传奇色彩的一生中一个小小的插曲。

继《字句》之后，萨特于1964年发表了《境况种种》第四、五、六集。这三本文集分别收集了自1948年至1964年短文共33篇。其中包括纪念彭迪、卡缪、纪德和尼让等人的文章。

反对美国侵略越南

进入 1965 年，萨特继续创作、发表《境况种种》第七集，并改编古希腊悲剧作家欧利庇特的作品《特洛伊城女人》。

而就在这时，美国总统约翰逊决定大举干涉越南事务。

2 月 7 日，美国人以一艘驱逐舰在东京湾被北越鱼雷快艇所袭击为借口，出动空军轰炸北越南民主共和国，强迫南越乡村农民集中到"战略村"，残酷镇压民族解放阵线的正义斗争。

随后空袭逐步升级，一场把越南人和美国人都拖入万劫不复的深渊的战争开始了。美国人发动战争的目的是为了阻止越南南、北方的统一，从而保住自己对这个国家的控制权。

萨特一方面继续创作，另一方面，积极投入反对美帝国主义侵略越南的斗争，热情地参加支持越南人民的正义斗争的社会活动。

早在年初的时候，美国康纳尔大学邀请萨特去那里举行关于福楼拜以及哲学的 5 场学术报告，萨特接受了。然而随后所发生的一切使萨特感到自己不应去美国。美国人无理干涉越南人民的自决权利让萨特深恶痛绝，他决心做他所能做的一切来反对这场侵略战争。

到了 3 月，越南形势继续恶化，促使萨特联合意大利学者发起了一个欧洲知识分子抗议美国侵略越南的组织，接着，他就在对法国《法兰西观察家》周刊记者的谈话中，说明了自己拒绝前往康纳尔大学讲学的理由。

然后，萨特当即写信给康纳尔大学说明自己拒绝去美国：

因为越南战争的局势越来越严峻，而自己作为一个与第三世界站在一起的欧洲作家，此刻不可能向美国国务院申请入美签证。如果他去了，那么不管他在那里说什么，第三世界的人都将指责他，因为人们是不到敌人那边去的。

起初，美国的左翼人士因为萨特的"变卦"而批判他："这是背弃！让我们丢脸！"他们认为萨特应该对那些对他期待已久的人负责。但慢慢地他们开始理解并赞赏萨特的决定，并承认拒绝邀请所造成的影响比发表大量讲话还大。

越来越坚决地投入到反战斗争中的美国人如是说："他一直对我们非常有用，这是一个榜样。"

不久，就有 20 位美国作家以萨特为榜样，拒绝了白宫对他们的邀请。

但越南战势却愈演愈烈。4 月，第一批美国陆战队在南越登陆，17 个国家呼吁停止战火，举行和平谈判。

4 月 18 日，萨特在登载于《团结报》上一封致意大利革命者的信中，鼓舞他们参加意共领导的反对美国侵略越南的战争，他在信中说："越共应该成为合法的越南人民代言人，不管其形式如何。"

萨特还热情地赞颂意共在波伦亚组织的争取越南和平的集会和游行，他对记者说："这是在阿尔及利亚所发生的全部事件的重演，我希望美国知识界取得比他们的法国同行当年反对阿尔及利亚战争更大的成功。但即使他们没有成功，示威也不会是徒劳无功的，你们的示威是在不负责任的人们正在全世界使你们的国家蒙上丑恶形象时进行的……"

10 月 6 日，萨特在意共组织的一次集会上说："一个真正的先锋队不能只局限于使用语言，而是在写作中创造它。创造语言，而不是单纯地应用它；所谓创造语言，就是在创造过程中把它献给它的祖国……"

此刻，越南本土上不断发生的残暴行为和美国国内因这场战争引起的骚动激起了世界性的反对。在英国，以在哲学、数学、逻辑学等方面的非凡成就而闻名于世的 93 岁高龄的伯特兰·罗素同时是一位毕生献身于人类和平的社会活动家。这时，罗素感到决不可袖手旁观，他决定进行一场特别战争罪行审判。

罗素早年曾因介入古巴导弹危机，而成为反对核武器运动的领袖；第一次世界大战期间，他因煽动反对征兵罪而入狱；每过一段时间，他就会站出来和某种非议的势力较量一番，使各种政府在法庭上受到愚弄。

那么，有谁愿意为这次审判担任法官呢？尽管罗素对萨特的存在主义颇有微词，但他还是第一个就想到了萨特。

为了进一步把反对越战的斗争推向前进，萨特和波伏娃毫不犹豫地同意担任罗素法庭的成员，开庭的目的不在于确定美国是否犯了战争罪——这是显而易见的，而是想要在全世界，特别是在美国引起公开的反对。

11 月，罗素国际战争罪行审判法庭问世，立即着手对发动越南战争的主要战犯的罪证进行调查。被法庭列为战犯名单的有：美国总统约翰逊、国务卿腊斯克、国防部长麦克纳马拉等。法庭坚决支持越南民族解放阵线的斗争。法庭声明说：民族解放阵线的一切抵抗行动都是正义的，算不得恐怖行为。

但问题是：很难找到一个愿意做这次审判的东道主的国家。因为欧洲许多国家政府怕得罪美国。英国工党政府公开声明拒绝北越人到英国的签证。瑞士政府也下令禁止法庭在瑞士的活动。另外几个国家也以这样那样的理由拒绝了。

在此期间，萨特于 1966 年 9 月、10 月间前往日本召开了三次以"知识分子在当代的社会责任"为主题的讲演会，指出科学家应对自己的科学研究成果负责，不能听任战争贩子随意利用自己的科学成果去屠杀人民。而知识分子的责任在于促进社会进步、为人类造福、反对战争并投身于革命。

1967年2月至3月，萨特还来到埃及和以色列访问，试图调解以色列与阿拉伯国家的关系。

1967年4月，萨特写信给戴高乐总统，请求允许罗素国际法庭在巴黎开庭。戴高乐在回信中尽管很优雅地称萨特为"我亲爱的大师"，但仍然拒绝了他的请求。

萨特再次以其犀利的笔锋对戴高乐的做法加以剖析，他在对《新观察家》记者的谈话中说："他称我为大师是想表示，他是在对一个作家说话，而不是对一个他不想承认的法庭主席说话。"

接着，萨特指出，政府曾经答应过同意法庭在巴黎设立办公室，而现在之所以持这种态度，是因为美国的压力以及不想群众参与其政策的心理。

但是，萨特坚定地说："找不到开庭的地方并不意味着这是一项不合理的事业，如果必要的话，法庭甚至可以在公海停泊的船上开审。我们所招致的困难恰恰奠定了法庭的合理性，这些困难只证明了一件事：即有人怕我们。为什么有人怕我们？因为法庭所代表的是一股国际性的正义力量，我们提出了任何西方政府都不愿看到有人提出的一个问题，即战争罪行的问题。"

最后，瑞典政府改变了初衷。因为这个国家的民主原则迫使它承认：拒绝这种法庭在那儿召开是违反宪法的。

1967年5月，萨特和波伏娃动身前往斯德哥尔摩参加罗素法庭的第一次开庭。

本次法庭由罗素担任名誉主席、萨特任执行庭长，南斯拉夫的杰出历史学家、法学博士和社会活动家德迪杰主持审判，而其他法官则包括德国哲学家和作家冈瑟·安德斯、意大利法学家巴索、墨西哥前总统卡登纳斯、菲律宾诗人赫南德兹、日本法律专家盛滨、物理学家松一佐方等。

而且那些瑞典的年轻人自愿义务承担起吃力不讨好的翻译、打印和复写文件等工作，让很多人为之感动。一时间，来自五洲四海的正义主持者们走到了一起。

5月2日，萨特在法庭致开幕词，他除了重申法庭活动的起源、目的和局限性之外，还论证了他的"合法性"观念，并且指出：我们的斗争，也是为了美国人民的利益本身。

经过10多次秘密会议后，法庭正式开庭了。第一轮会议主要解决两个问题：一、美国是否犯有国际法所规定的战争罪？二、是否有以平民为目标的轰炸？如果发生过，又达到了什么程度？

第一个问题不容置疑，新闻报道对第二个问题更感兴趣。

法庭上的物理学家通过展示杀伤弹的样品证明：它们不是用来对付军事目标，而是专为屠杀居民而设计的；派遣到越南战场进行调查的医生和新闻记者，则用具体的数字和人员姓名证实了美国人故意选择麻风病患者聚居地、医院、学校和教堂作为轰炸目标，并且当场播放了幻灯片和录像片以证实。

最后，两位来自北越和两位来自南越的老百姓当场展示了他们惨不忍睹的伤口。

午夜，法庭进行正式判决，萨特宣布对美国起诉的这两个罪行完全成立，并详细陈述了这种裁决的理由。整个会堂爆发出惊天动地的掌声。

第二天，《纽约时报》、卢森堡电台、法国电台对法庭的判决作了公正的报道。全世界的目光投向了这里，投向了这一群敢于进行正义的裁决的人们。

但是，美国方面却似乎对这次审判漠然视之。11月，萨特和波伏娃再次赶到哥本哈根，投入了第二次审判的筹备工作中。这次的议题有3个：一、美国军队是否使用或试验了战争法所禁用的新武器；二、越南俘虏是否受到为战争法所禁止的非人道待遇？三、是否有符合种族灭绝法定义的灭绝人口的趋向？

日本代表成功地证明了美国军队的确正干着灭绝种族的勾当。首先，他们以剥夺越南游击队的掩蔽物和食品为借口，把一种名为"绿叶剂"的有毒物品喷洒于森林、稻田、甘蔗田和蔬菜田中，正是这种"绿叶剂"导致了越南先天畸形婴儿数量的增加。

第二个证据是有关"战略村"的报道。在那里，家庭分裂，人们处于差得令人震惊的卫生条件中，过着完全非人的生活。

此外，美国军队对于密集人口区大规模的致命轰炸和有毒物质的喷射无不带有灭绝人口的意图。

在听了专家和证人们的发言后，萨特无法抑制胸间燃烧的怒火，他连夜赶写了《种族灭绝者》一文，以严峻的事实阐释了美国人在越南进行的战争为什么应该被认为是灭绝种族的行径，并揭示出这种行为对于整个人类的危害，强烈地谴责美国总统、国务卿及国防部长等人为战争罪犯。

萨特的结论让绝大多数人心服口服，一直在此之前还对这一问题持保留意见的两位法官听完萨特的发言后，大受启发，失声叫道："你使我们信服了！"

反战的情绪逐年增强，1975年，当战争结束时，《世界报》的记者问萨特，罗素法庭有什么意义？

萨特说："正义的声音只要不泯灭，人类就还可以看到希望。它也证明了每个人既是他邻居的法官，又是他自己的督导。"

在这期间，萨特还坚持不懈地为维护人权、人的自由而斗争，他积极支持世界各国进步人士的正义活动。

1967年4月，当他得知秘鲁作家雨果·布朗等进步人士惨遭秘鲁军政府迫害时，他热情地参加在巴黎互助大厅召开的支持秘鲁人民正义斗争的大会。

同年5月，萨特得知玻利维亚政府残酷镇压格瓦拉领导的革命游击活动，并逮捕在玻利维亚参加革命斗争的法国作家列吉斯·德伯雷，他积极参加了在互助大厅召开的声援玻利维亚人民斗争和抗议玻政府的血腥镇压。

9月8日，当《墙》被改编成电影时，萨特对《战斗报》记者发表谈话，谴责希腊政府的法西斯主义政策和美国在越南的战争政策。

渐渐地，世界各国的人民都认识了萨特那张四方脸、那个瘦矮的身躯以及他那独特的、如金属般刺耳的声音。哪里有不公正，哪里就会听到他的谴责。

而且公众进一步认识到：萨特早已远远超出了一个普通作家和哲学家的身份和地位，而成为一名积极的社会活动家。他的活动不局限于法国国内，他对世界上一切正义、进步的事业都给予力所能及的支持。

萨特在20世纪60年代中上期的社会活动，使他成为了法国最受世人瞩目、最有影响力和号召力的左派领袖之一。他支持越南人民反美斗争的正义行为，尤其得到越南人民的尊重。因此，当他1970年应邀访问越南时，受到了越南官方国家元首级的礼遇。

全力支持学生运动

1968 年，法国现代史上发生了令人难忘的一幕。

经历战后近 20 年的社会动荡，法国与和西欧各国一样社会关系和社会道德等各个方面都面临着新的考验。劳工阶级和知识分子承受越来越重的压迫，迫切地要求进行彻底的社会改革；统治阶级想要继续使社会生活维持在旧的制度范围之内。

从 1967 年开始，萨特就预感到一场社会风暴即将来临，一再告诫左派势力"团结起来"，为击败右派的进攻做好准备。在对布鲁塞尔《观点》杂志记者让·克劳特·加洛谈到欧洲知识分子的任务时说："知识分子不应该试图制订具体的革命计划，而应该确定的是原则性的东西，从事分析批评工作。法国左派的首要目标，是在一个共同的任务的基础上实现团结。"

1968 年 3 月，萨特应友人、南斯拉夫作家弗拉迪米尔·德迪耶尔的邀请，前往南斯拉夫疗养。

3 月 27 日晚，4 名公立中等学校的男孩因为参加了一个反对越南战争的委员会而被捕。

4 天后，巴黎大学第十分校南特大学一位名叫科恩·邦迪的学生领袖组织同学们占领了学校的行政大楼，以示抗议。

随后几天，他们散发传单，扰乱课堂和考场秩序，要求反对越南战争、反对自己被迫服从的压迫。

南特大学校长果断地采取了关闭学校的办法，但学生们又转移到索本大学。索本大学校长干脆叫来了警察，警察发射催泪弹、挥动大棒驱赶学生，还逮捕了其中几名强硬分子。这是一个世纪以来警察第一次践踏神圣的学府。

这样一来，激起了学生们更强烈的反抗。巴黎中、高等学校教师联合会号召全体成员罢教；法国全国学生联合会决定在5月6日组织一次大规模的示威游行。

5月6日，声势浩大的示威游行如期举行。很快，学生与警察冲突起来。学生们推倒了圣·日耳曼林荫道上的路障，并向警察投掷石块；而警察则用高压水龙头和棍棒对付他们，在警察局内，他们把逮捕到的学生毒打一顿后，扔进监狱。

矛盾进一步激化。5月8日，50000多名学生示威者挥动着红旗和象征着无政府主义的黑旗，高唱着《国际歌》从丹费尔特—罗歇路走向星形广场。他们的要求是：立即开放巴黎大学、撤回驻留在校的警察、释放被捕学生。

萨特刚刚返回法国，5月8日这天就与波伏娃、米歇尔·列里、科莱特·奥德里、雅克·拉冈等知名人士联名发表声明对这次学生示威活动表示支持，呼吁"所有劳动者和知识分子从精神上或物质上支持学生和教师们所从事的斗争运动"。

5月9日，萨特签署一项支持学生运动的声明，他说："学生们为摆脱异化的社会秩序所做的一切努力是可歌可泣的。这场席卷全世界的学生运动震撼了自称为'福利社会'的西方国家，它是对于一切谎言的最有力的回答。"

5月10日，当警方拒绝释放被捕的学生，而教师和学生联合会决定在拉丁区筑起街垒以作为回答时，巴黎警察局局长用扩音器宣布：警方将奉命清除街垒。

不一会儿，警察向学生和群众发起了猛攻，他们用警棍肆无忌惮地殴打手无寸铁的示威者，即使他们躲进街道两旁的公寓大楼，警察们还穷追不舍。愤怒的人们开始用焚烧汽车的方式作为反抗，冲突进一步升级。许多试图来帮助学生的无辜的过路人也遭到了暴力对待。

这就是令人震惊的"盖卢莎克街事件"！

一时间，居民们惊恐万状，社会舆论倒向学生一边，几乎所有有识之士都感到义愤填膺。

第二天，卢森堡广播电台就发出了萨特那坚定有力的声音："这些年轻人不愿意有一个与他们的父辈们一样的未来，也就是不愿意有我们这些人的未来，这种未来证明了我们曾经是一些怯懦的人。大学生跟大学，只有一种关系，唯一的解决办法，就是上街。"

人们很快把萨特的讲话复制成成千上万张传单，在整个拉丁区散发。萨特感到自己已经被深深地卷入了这次风暴，但他无意退缩，并有些兴奋：他希望这场运动将震撼当局的统治，甚至把它打倒。

5月13日，由学生、左翼党派的领袖、工人代表团汇成50万示威大军从共和国广场浩浩荡荡走向丹费尔特－罗歇路广场。人们高呼"学生、教师、工人联合起来！""要受欢迎的政府"……

拥有大学教师头衔的蓬皮杜总理赶紧下令打开索邦大学的校门，立刻，标语、传单、大字报和漫画贴满了校园。

5月20日晚，萨特和波伏娃等9位作家被邀请到索邦大学和学生们一起座谈，萨特和波伏娃无疑是学生们注意的焦点。"萨特要来了！"消息一传开，人们蜂拥而至，只能容纳4000人的阶梯教室里挤入了7000多人，而教室外的走廊上更是摩肩接踵、水泄不通。

波伏娃看到听众们处于一种激动、亢奋的情绪中，紊乱的场面潜藏着闹事的危险，她不禁为被学生们拥走的萨特暗暗捏了一把冷汗。

然而，当萨特的声音在教室里响起时，闹哄哄的人群立刻安静了下来。

波伏娃长长地松了一口气。

萨特首先毫无保留地赞成学生的行动，随后他提出自己的希望：学生们应坚守"你们创造的这种将打破一切既定制度的激烈的民主"。接着学生们争先恐后地向萨特提问题，萨特一直回答了一个多小时。

最后，萨特以激励人心的话语作为结束语，他说："一种新社会的观念正在形成，这一社会将建立在充分的民主以及社会主义与自由的结合之上。"

人们真诚地使劲鼓掌，掌声持久不衰。

此后，萨特以《新观察家》周刊记者的身份采访了这次运动的主要学生领袖科恩·邦迪，他甚至试图为这些小左派分子在《现代》上开辟一块发表意见的讲坛。

学生们也常常来征询这位久负盛名的支持者的意见。

这场5月运动被称为是一场"萨特主义的"革命，这不仅因为这次运动的主体是几乎全都读过萨特的书、把他奉为精神领袖的青年学生们，而且因为在整个运动期间，萨特的态度始终是支持学生，利用自己的声望来对学生予以尽可能的帮助。

"五月风暴"震撼了法国人民对于民主、自主权等观念的意识，从而间接地导致了戴高乐在1969年4月27日的全国公民裁决中下台；并迫使政府接受进行社会改革的要求。萨特首先表达了他对学生们改革教育制度的热情支持。

同时，"五月风暴"使法国的革命青年的斗争和工人的斗争在吸取了宝贵的经验之后，进入了一个新的阶段。这场运动代表的不是一代人的危机，而是整个社会的危机，因而在法国甚至整个世界的影响都是深远的。

比如 1968 年 8 月，意大利威尼斯电影节举行前夕，意大利电影界中的左派知识分子组织"意大利全国电影工作者协会"就站出来反对电影节的各种制度和组织机构。

学生运动也影响到了西德的知识分子和舆论界。西德《镜报》记者古斯塔夫·斯德恩乔治·沃尔夫和梯德·威尔德在 1968 年 7 月中旬专门为此访问了萨特。

对于萨特而言，1968 年学生运动标志着他晚期思想发展的一个重要转折点，从此时起，他开始把主要精力转向社会活动，而只把一小部分精力放在著述上，只继续那些已经着手并即将完工的著述工作。

另外，《五月运动》的成果之一便是产生了许多种左翼报纸，如《人民事业报》《我控诉》《人民之声》《一切》等。这些单页的地下报纸观点激进，专门暴露社会阴暗面，其影响日益扩大，因而被当权者视为眼中钉、肉中刺。它们由一些热情的左派分子在街头或大学校园里散发，而它们最忠实的读者是那些年轻人。

1970 年，"无产阶级左翼"的力量日渐薄弱，面临解散的危险，而它的宣传阵地《人民事业报》正遭到步步查封。

4 月，该报的两位主要负责人：青年编辑勒当泰克和勒布里斯突然被一辆警车押走。左翼分子请求萨特给予帮助。

尽管萨特不赞成这张报纸的全部观点，但还是被来者所提出的恢复暴力革命的希望打动了，他欣然同意由他接管《人民事业报》的主编工作。

6 月，被捕的两位报刊领导人被分别判处 1 年和 8 个月的监禁，"无产阶级左派"组织也在当天遭到取缔。

为了表示抗议，学生们在拉丁区举行集会，警察进行了粗暴的干预，驱散了学生们，并通缉学生领袖。几天后，警方包围了承印《人民事业报》的印刷厂，厂主被"监督拘留"。紧接着，30 名《人民事业报》的贩卖者被指控为试图重建"无产阶级左派"而被关进牢房。

第二天，《人民事业报》用大字号登出了新主编的名字：让·保罗·萨特。人们不敢相信，一时间议论纷纷。

这天傍晚 17 时 30 分左右，在蒙巴纳斯公墓后面的达盖尔街上，这是一条不太宽的人行道，道边的水果、蔬菜、奶酪、鲜花各摊前挤满了购物的人们。

人们看到一群摄影记者和电视摄录记者围着一对双鬓已白的老人，那是萨特、波伏娃，他俩和其他朋友们钻进人群，一边大声喊道："请看《人民事业报》，支持新闻自由！"一边手脚麻利地向带着购物袋的家庭主妇和正赶着回家的上班族分发报纸。

走过达盖尔街，他们又走上了勒克莱将军大道，这儿的人更多，有些人满脸狐疑，不愿或不敢伸手接递到眼前的报纸；另一些人则满不在乎地拿了过去；还有人高声喊着："给我一份！"一群人开始围过来，人们兴奋起来，像过节一样。

一位年轻的、积极的警察走到萨特跟前，抓住他的手臂，从他手中夺过报纸。立刻，无数镁光灯闪烁，记者们已抢下了这个颇有新闻价值的镜头。

这时，有人高叫："你逮捕的是诺贝尔奖获得者！"

那位警察连忙松开手，但萨特依然跟着他走。

街上又有人叫道："拦住那个贼！"

那位惊慌失措的警察赶紧跑步逃离了。萨特和朋友们这才转过身来，继续分发报纸。

人们被这滑稽的场面逗乐了，他们开始争先恐后地索取报纸。不一会儿，萨特他们就已两手空空，只好打道回府。

与此同时，卢森堡电台已经响起了萨特的声音："请看《人民事业报》，它并没有被取缔，逮捕它的报贩是违法的！"

6 月 26 日，他们再次行动。

这次的路线是从《人道报》报社对面走向斯特拉斯堡－圣德尼。这次，20 多名《人民事业报》的支持者被一辆警车"请"到警局验证身份。

为了保护大家，萨特和波伏娃也走进了警察局。

经过一番身份验证，警察们立即作出了决定：释放萨特和波伏娃，而其余人必须留下。

萨特和波伏娃马上表示：他们俩一定将是最后离开的人。双方僵持了一小时后，几名便衣警察和一位上司赶到了，扣留的人被一小拨一小拨地释放了。

当萨特走出警察局大门时，早已闻讯而来的记者立刻把他包围住了。英国、德国、意大利、瑞士的电视台记者都摄下了这珍贵而滑稽的场面。

《人民事业报》影响日益扩大，它的发行量明显上升。但政府还在顽固地进行弹压，时常没收报纸。《人民事业报》的支持者们决定再进行一次示威活动。

也许是有人走漏了风声，那天，当支持者们还刚刚聚集在印刷厂时，就发现街角已停了一辆警车。但他们决定不予理会，一切按原计划进行。

他们的车和警车一前一后地出来了，不一会儿，他们的司机巧妙地把警车甩掉了。但更多的人知道消息后赶来了，其中包括从各家电台、电视台来的记者。萨特对记者讲了几句话后，车子径直开往马斯佩罗书店，在那儿3000 份报纸很快被抢购一空。

下一个目标是"读书乐"书店，但那辆被甩掉了的警车又跟上了，不过其上的便衣警察们只是远远地跟着，并不上来干涉。

又放了几千份报纸在"读书乐"书店以后，人们开始三三两两地在街上发报纸。3 个年轻人远离了大伙儿，一直深入到圣米歇尔大道，警察逮捕了他们。恰好另外几名同志目睹了此情此景，他们自愿和他们一起去警局。

得到消息后的萨特和波伏娃迅速赶到那家警局，他们身后簇拥着本国和外国电视台的记者，再后面是那辆一直跟着他们的警车。在警察局门外萨特对记者发表了义正词严的讲话，一位警察则站在二楼上给跟来的几个人每一个都拍了照。

6位朋友很快获释。如此结局，似乎令警方很不甘心，当大家一块儿去饭店吃午饭时，那辆警车竟然又跟着到了饭店，但他们再不敢贸然采取任何行动。

此后，政府似乎也厌倦了这种毫无成果的争夺战，渐渐地，政府对于《人民事业报》的干扰停止了，该报终于取得了完全合法的地位，得以在报亭公开出售。不到半年，其规模、知名度和发行量都已今非昔比。

1971年1月，该报的支持者们成立了"《人民事业报》之友协会"，在成立大会上，当波伏娃谈起他们在3次散发报纸的过程中同警察打交道的始末时，听众们无不捧腹大笑。

萨特除了仍旧担任《人民事业报》的主编外，他还担任着两家左派报纸《人民之声》和《一切》的领导职务。他决定用自己的声誉和影响，保护这类较为激进的出版物免受政府查封或被勒令停刊。

此外，萨特还和许多左翼分子一起参加了旨在帮助在政府对左派分子的镇压中的受害者的团体——"红色援军"组织，他希望通过这个组织能把形形色色的非共产党左派组织联合起来。

萨特为"红色援军"创建了该组织的宣传刊物《红色拯救报》；为审判朗斯煤矿雇主的人民法庭起草并宣读对该煤矿恶劣雇佣状况的起诉书；积极支持政治犯们为争取改善服刑条件而进行的绝食抗议；领导了一次对一家汽车厂的接管运动……

随着萨特不断地投入社会实践，他越来越成为法国国内最有影响力、最引人注目的左派领袖。

出版《家庭中的白痴》

从 1968 年以来，萨特忙于参加各种各样的社会政治活动。

人们总是看到他出席集会，发表讲话，签署声明、宣言、抗议书、出庭作证、递请愿书、会见记者、上街游行示威，会见左翼分子等，似乎他的主要精力已经不在于写作著述了。

因此，当 1971 年 5 月，萨特研究福楼拜的传记《家庭中的白痴——居斯塔夫·福楼拜》第一、二卷映入读者的眼帘时，他们不约而同地想到同一个问题：这位天才兼斗士是如何能够一心两用：一方面马不停蹄地投入当代社会政治生活；另一方面却从最深的层面研究了一个 19 世纪的人物。

而不到一年，1972 年，《家庭中的白痴》第三卷出版，前后 3 卷共 2800 多页，成为一部内容丰富的文艺评论巨著。人们几乎不敢相信自己的眼睛：他的创作力竟然如此之强。

其实，《家庭中的白痴》并不是短期内一蹴而就的。福楼拜一直是萨特最为敬仰的一个作家，还在萨特五六岁刚刚学会阅读的时候，他就对福楼拜有着非同一般的兴趣，他曾反复 20 多次地阅读《包法利夫人》的最后几页，到后来竟能整段地背下来。

而且，福楼拜从 10 多岁就开始的创作生涯，一直就鼓舞着幼年萨特。在巴黎高等师范学院他再一次细读了《包法利夫人》，对它有了更深入的理解。20 世纪 30 年代他重读了福楼拜的另一本著作《感情的教育》，深受启发，并连自己的成名作《恶心》中的主人公名字洛根丁也很接近于福楼拜作品中的某些人物的名字。

第二次世界大战期间，萨特进行了大量阅读，其中包括四大卷福楼拜的书信集，他发现：这位伟大的作家不仅是个胜利者，也是个失败者；他不仅是可敬的，也是可怜的，乃至可恶的。从此时起，萨特就萌发了以后要写一部他的传记的念头。

此后，萨特对于福楼拜的分析一直延续着，在《存在与虚无》中，他曾用一段相当长的篇幅拿福楼拜做例子来反对传统的心理学，并建立了"存在主义的精神分析理论"。

第二次世界大战胜利后，萨特在《什么是文学？》一文中重新评价福楼拜的文学创作活动的历史意义，但并没有认真地着手进行全面深入的研究。

1956 年，法国共产党文艺评论家罗吉·伽罗第邀请萨特进行一次比赛，分别用存在主义和马克思主义的方法来解释一位著名人物，从而比较两种不同方法的优劣。萨特理所当然地选择了福楼拜，这才促使他正式决定开始着手写福楼拜的一生。

1957 年 4 月，《现代》杂志宣布萨特即将发表论述福楼拜的文章；接着在同年 7 月和 8 月，该文才最后确定以《家庭中的白痴》作为题目。但经历多年，萨特一直未能真正完成。这也说明了他本人在应用存在主义原则和方法的过程中所面临的困难。

1960 年后，萨特又反复多次断断续续地写论福楼拜的手稿，并强调他的批判方法是两方面的。

萨特说：

一方面要论证福楼拜如何通过他本人来使他的作品特殊化；而他的作品又如何把他本人普遍化；另一方面，要论证我们观察和分析人物和历史事物的理论基础必须是马克思主义的。

1964 年，萨特又对记者佳克林·比亚杰说："我研究福楼拜是因为他恰巧同我正相反。人们往往必须批判那些反对他自己的人。"

至 1966 年，萨特经历了多年的斗争和反复研究马克思主义之后，才决定通过全面批判福楼拜来充实和发展自己的哲学思想，总结自己的思想发展过程，并宣告同他所痛恨的"资产阶级社会"做最后决裂。

到此，萨特对福楼拜的研究才进入了哲学方面的深入。

因此萨特说："《家庭中的白痴》其实花了我 10 年工夫，可以说，从《阿尔托纳的幽禁者》之后，我就致力于这部著作。"

《家庭中的白痴》一经出版，便大获成功。评论家们一致认为这是萨特最富诗意、最狂热、最重要的评传，它的产生是福楼拜研究中的一件大事。

萨特是一位对各种体裁都能驾驭自如的作家，在小说、戏剧、文学评论等领域，他都收获不菲，但直至此时，人们才不得不承认：他也是一位为人作传的大家。

另外，萨特还为两个人特写过传记。

第一部传记是写法国象征主义诗人波德莱尔。

波德莱尔是 19 世纪法国最著名的象征主义诗人之一，他的名作《恶之花》发掘了恶中之美。是他首次把丑恶当作一种现实的存在方式和审美对象，而不仅仅把它看作道德谴责的对象，从而在文学史上开创了一种新的审美态度。

被萨特选择为之作传的第二个人是当代法国著名诗人、戏剧家让·热内。

让·热内是文坛的一位传奇人物，他与萨特有过一段短暂却亲密的友谊。早在 1944 年，经过几次接触后，萨特被这位天才作家迷住了，他们成为了好朋友。

1948 年，当热内因再次触犯刑法而被判处流放时，萨特联合其他著名作家为他发动请愿，而终于得到了总统的特赦。不久，加利玛尔出版社准备出版热内作品的全集，热内请萨特为这套全集作序。没料到萨特一提笔作序便一发而不可收，最终写成了一本长达 600 多页的《热内传》，成为热内全集中的第一卷。

在《家庭中的白痴》中，萨特运用精神分析调查、马克思主义辩证法以及一种特别精细的阅读方法显示了福楼拜是如何反映了他所处的环境、时代以及阶级的矛盾，从一向被人忽视的福楼拜年轻时代的草率作品以及信件中，萨特发现福楼拜精神、性格上的两个重要特征：被动性和歇斯底里症。

福楼拜有一个极为盛气凌人的父亲和一个缺少母爱的母亲。父亲认为福楼拜智力低下，是个"白痴"；而母亲虽然对他照顾得无微不至，但因为希望生下的是个女儿而对他毫无热情。这既造成了福楼拜的被动性，也形成了他对于自己身份的匮乏感。

萨特认为，福楼拜这种精神病症是时代的结果，他的不幸童年反映了整个社会的矛盾，它们都是资产阶级对自由的异化的产物。正是 19 世纪初法国资产阶级的客观环境及其意识形态，以及福楼拜童年特殊的家庭生活条件，决定了他选择想象性的创造行为，从而成为了一位作家。

萨特的马克思主义朋友多少有些反对他写福楼拜，因为这是"一个天才在一件资产阶级的傻事上白费心血"。他们更希望他去写一部为人民构思的长篇小说或关于左翼知识分子的专题论文。

萨特理解这种观点，但有自己的看法："从内容上看，我写这书似乎是在逃避现实，但以我写这书运用的方法看，我觉得自己是同现实直接联系在一起的。"

此外，萨特一直抱着这样的宗旨："不论历史的特定时刻和社会、政治的环境怎么样，最根本的事情仍然是理解人；而关于福楼拜的研究对达到这个根本点应该是有用的。"

当《家庭中的白痴》正式出版时，法国国内外形势依然动荡，社会改革正着手进行，但左派中的一部分人远未得到满足。他们想通过冷静地总结经验，准备一场新的战斗。

萨特支持这些准备继续斗争的左派青年，他也总结说："五月学生运动的失败是因为它从一开始就不是一场真正的文化革命，而是想通过激烈的阶级斗争去夺取政权。"

萨特自 1970 年 4 月担任《人民事业报》主编，从那时就发明声明说："全力支持那些论证在群众中实行暴力的必要性和合理性的文章，因为只有这样才能表明革命的性质。"

自学生运动之后，法国的左派分化成两大派：一派继续坚持革命活动，主张用暴力推翻现政权；另一派则走上绝望的道路，悲观、迷惘，觉得现实生活不合理，但又没有别的出路。甚至还有一些人则从极左转向极右，公开反对马克思主义。

萨特是希望将革命进行到底的，而且他的社会活动没有局限于反对本国非正义社会势力的斗争。他同时支持苏联及其他社会主义国家内的争取基本人权和自由的斗争。

1971 年 4 月，萨特获知古巴政府逮捕诗人赫伯多·巴迪亚时，他立即发表声明，宣布与卡斯特罗断绝友谊。

同年 10 月，萨特与安德烈·格吕克曼发表谈话，评述由《人民事业报》所组织的法国工人斗争的情况和基本问题。同时，他又在《我控诉》刊物上发表题为《为人民的正义性》的文章，再次表明支持左派斗争的决心。

萨特还同左派分子一起下厂下乡，到工农群众中去。

1972 年 2 月，萨特到雷诺汽车工厂的工作车间进行鼓动宣传活动。两周之后，他又去该厂，调查左派分子比埃尔·奥维尔奈在工厂门口散发传单时被枪杀的真相。3 月 4 日，萨特参加了奥维尔奈的葬礼。

同年 4 月 17 日，萨特为西德海德尔堡大学学生革命组织编写的

《使疾病成为武器》写序，萨特赞赏学生们勇于揭露整个资本主义社会腐朽性，在回信中说："资本主义社会已经积恶成疾，疾病是资本主义唯一可能的生活方式。"

1973年1月，萨特在答记者问时，阐明了他同毛泽东主义者的关系，还宣布他赞同毛泽东主义派关于揭露和抵制资本主义选举的纲领。为此，他将不参加于当年2月举行的全国选举。

接着，萨特在《现代》杂志2月号发表了一篇激烈攻击选举的文章，并用了一个非常扎眼的题目：《选举——屁眼儿们的诡计》。萨特说："资本主义社会所玩弄的选举把戏实际上乃是一种'间接选举'，它的目的是使革命力量遭到最大限度的孤立。"

这篇文章被西德《镜报》转载在2月12日版上。

萨特这时还积极支持《解放报》的创办，为毛泽东主义派提供舆论阵地。他在巴黎和里昂的记者招待会上介绍《解放报》的宗旨和方针，并强调说："希望新成立的《解放报》能有效地履行自己的历史责任。"

紧张的社会活动，使萨特的身体显著地变得虚弱。5月底至6月初的时候，他的双眼几乎看不到东西，更无法看书和写作。萨特从3岁起右眼就有病，几年后就失明了。而现在，左眼眼底又出血，看东西只能模模糊糊地看到形状。

但是，萨特仍然顽强地坚持参与和指导左派的社会活动。

10月，中东爆发了新的战争，萨特对以色列记者发表谈话，警告以色列说："这场战争有可能导致以色列国的灭亡，我希望，以色列人认清这样的事实：激发阿拉伯人的战斗精神的就是巴勒斯坦的问题。"

伟人含笑退场

1974 年夏天，萨特觉得自己即将进入 70 岁，为了总结自己的历史，他向波伏娃有系统地、连续地叙述自己的历史。

其实早在 1953 年，萨特就有了写自传性作品的打算，当时萨特将大仲马的《金恩》改编成剧本出版。

在《金恩》排演时，他强调说："通过我的历史，我要描述我所处的那个时代。"这说明，萨特想通过某一个历史人物的生平的再现，掺入自己的历史的成分，对照自己与这些历史人物的遭遇，达到从一个历史角度反映自己的心灵世界和生活历程的面貌。

而现在，当萨特在罗马开始向波伏娃讲述自己的历史时，他的指导思想已经有了新的提高，他要从人类历史发展的角度去分析自己的生活经验，使自己的历史总结为人类社会的进步做出一定的贡献，尽到自己作为一个作家和思想家的历史责任。

11 月中旬，法国电视第二台主持人莫利斯·克拉维提议，开设评论 20 世纪 75 年历史的讲座，并邀请萨特参加。萨特欣然接受了邀请。

11 月 18 日，法国电视二台台长马尔塞·朱利安举行记者招待会，宣布了萨特将参与其中 10 次广播节目的消息。从那以后，直至 1975 年 9 月 26 日为止，萨特耗用了大量时间来准备这个历史讲座节目。

1975 年 3 月，萨特在自己 70 岁生日前夕，接见来访的米歇尔·贡达，系统地回答了他提出的有关自己的历史重大问题。这个对话录在萨特生日前后发表于《新观察家》杂志。不过萨特并不喜欢杂志的题目——《我之作为我》，后来，对话录的题目改为《七十岁自画像》，立即被译成 30 多种文字而著称于世。

萨特虽然已是七旬老人，但他坚信自己的事业的正义性，并为之进行坚持不懈的斗争。

5 月，萨特作为审判国际战犯法庭主席，借越南战争结束之际，向记者发表谈话，总结了国际法庭自成立以来的活动。接着，他对美国记者约翰·杰拉西说："我所做的每一个选择都扩大了我的世界。因此我并不认为我的抉择的涉及面只限于法国。我所从事的斗争是世界性的斗争。"

但就在这一年，萨特破产了，他最后的积蓄都已被他领导创办的《解放报》耗尽。萨特为这项冒险性事业投入了 20 万法郎的基础基金。而在 1973 年至 1974 年的创始阶段，《解放报》由于新政府的干扰而立足不稳，摇摇晃晃，这又迫使萨特断断续续地为它投下了更多的金钱。

此外，萨特还为这份"革命的报刊"投入了大量的时间和精力，他还亲自担任了这份报纸的编辑。直至 1974 年 5 月，即《解放报》创刊一年之后，新的高血压并发症才迫使他放弃了这份报纸的编辑工作，但他对《解放报》的支持并不曾中断。

《解放报》产生的影响越来越大，是大多数年轻人必读的报纸之一，它所开辟的作为读者论坛的 4 页尤其引起了人们的关注。同时，这份 16 页的日报也是萨特的专栏，他在其上发表了各种各样伸张正义的讲话、回答攻击的辩驳，登载了数不清的由他起草或带头签名的呼吁书、起诉书、抗议书等。

青年和中年时的萨特身体通常很健壮，很少有为自己的身体感到痛苦的时候。如果万一病倒了，他会掩盖或否认他的症状，以致医生很难给他做出诊断。但从 65 岁以后，他的健康状况迅速恶化。这一方面是衰老所带来的生理机能，另一方面则是这个"工作狂"长期以来"同钟点对着干"，以健康换取时间的结果。

萨特一生都有一种紧促感，因此他从来不会放松自己，甚至看到别人放松，如打哈欠、伸懒腰他也心里不舒服。工作时他总是坐在硬椅子上，从来不坐那种有扶手的安乐椅。他总是事先详细地制订工作计划，然后一丝不苟地逐个实施它们。

萨特为了提高写作速度，还大量地服用兴奋剂，使自己保持一种高度亢奋的状态。萨特在创作生活的后半段尤其是在玩命，他写作时的那种气势、那种速度，让旁观者觉得仿佛在看一场运动会的绝技表演。

每当萨特发现自己大脑空空，不能自发地写作时，他就产生了强烈的焦虑甚至羞耻，觉得自己的生命失去了意义。只有当病情严重到实在无法支撑下去时，他才肯给自己一个休息和放松的机会。

萨特这种无视健康的做法终于使他在晚年饱受疾病的折磨。疾病对萨特的打击是沉重的：动脉炎、高血压、脑血栓、糖尿病等数病齐发，导致萨特出现中风、昏睡、健忘、思维紊乱、产生幻觉等种种症状。

不过，他对此并不后悔："健康是干什么用的？与其有一个很好的身体，不如去写一部大的、紧凑的、对自己来说是重要的著作。"

病魔给萨特带来的痛苦和折磨，与一般人相比更令他不堪承受，因为他一生最不愿意依赖别人，现在因病不得不依靠别人的帮助；以前他十分爱整洁，并在涉及自己的心理功能时总是很内向，现在他却屡屡出现小便失禁的症状。

最让萨特难以忍受的是视力的丧失，这对于一个作家来说无异于解除了他的所有武器。"在某种意义上，这个打击夺走了我的存在理由：你不妨说我曾经存在过，现在我不再存在。"

一天晚上，萨特又处于轻度中风的状态，他呆呆地坐在那儿，什么也不能干，烟老是从他的嘴里掉下来。

波伏娃的养女西尔薇把烟拾起来递给萨特，但他接过后又从手中滑落了……

这时，唱机里响起了《安魂曲》。

舌疾急性发作使萨特一晚上一言不发，但他却一遍遍地念叨着："这对我倒真合适。"令听者不寒而栗。

萨特对自己年迈体衰的形象十分敏感，每当波伏娃陪他迈着小步散步时，他会一遍又一遍地问："你不厌烦吗？同一个走得这样慢的可怜虫散步，你不厌烦吗？"

当别人主动扶住自己的胳臂帮助他上下车时，萨特感到伤心："我看来像一个衰弱不堪的人吗？"

一天，一位朋友在向他告别时拥抱了他，萨特嘟囔了一句："你在拥抱一具死尸。"

不过更多的时候，萨特是以克制、达观、坚强的态度来对待命运给他的最后一次考验，他尽可能地掩藏起他的焦虑和不安。

每当一次病情的发作结束时，他总是从那看来会永远吞没他的疾病的深渊中迅速挣扎上来，又像往日一样活泼愉快，似乎丝毫未受损伤。人们常常惊讶于他那依然如故的幽默感和良好的心绪，为他那种不可征服的生命力深深地打动。

而每到《现代》编辑部开会时，他的到会和他在会场上所表现出来的智慧，使每一个人吃惊，他对于文章和调查工作都能提出很好的意见。人们在他身上能感受到那种让人肃然起敬的克制和坚强。

虽然萨特已不能像过去那样正常地工作，但他一直保持严格的生活制度。早晨 8 时 30 分起床，然后离开他所住宿的波伏娃的公寓，在路上一家咖啡馆吃过早饭后就回到蒙巴纳斯区他自己的家。

大约 10 时 30 分或 11 时，他在自己家里跟一些工作上有合作关系的人见面，商讨、制订、实施各种工作计划。他们一直工作至 13 时 30 分或 14 时。

然后，萨特到附近一家啤酒店吃午饭，16 时 30 分回家，此后就会有波伏娃或其他亲密的朋友陪他说话，为他读书或读报，这样一直待到 20 时 30 分或 21 时。

这时，通常就该回到波伏娃的单间公寓去。大部分的夜晚他俩是在听音乐，偶尔听波伏娃朗读，萨特总是在大约零时 30 分的时候上床睡觉。

历史的责任感使萨特分外珍惜生命的最后几年，面对阻碍人类实现解放、获得自由的一切障碍，他毫不迟疑地发出挑战性的"我控诉"。

1976 年 5 月，以萨特的生活拍摄成的电影《萨特自演》拍摄完成并正式放映，后来该片被列为康城电影节候选电影。10 月 27 日在巴黎公演时，受到了观众的热烈欢迎。

萨特一直很关心中东局势，他同情巴勒斯坦人民；同时他也与以色列人民有浓厚的友情，到了晚年对犹太文化产生了兴趣，研究犹太历史。1976 年 11 月 7 日，被耶路撒冷大学授予名誉博士学位。

1977 年，萨特在《世界报》上发表《致以色列朋友的信》，鼓励以色列人民同阿拉伯人民进行和平对话，并访问了耶路撒冷，会见了许多巴勒斯坦名人。

1979 年年底，当萨特得知苏军入侵阿富汗时，他严厉谴责苏联的侵略行为，并公开反对苏联政府的独裁统治政策。

晚年的萨特在思想上也还在不断变化，他进一步否定了自己哲学体系中的失望、苦闷等成分，认为"希望是人的组成部分"，主张用集体的力量来改造社会。

谈到他自己，他说："我不相信我个人和我自己的思想能改变世界；但我看到了努力向前的社会力量，我觉得自己是在他们之间的。"

1980 年 3 月 10 日至 16 日，《新观察家》周刊以《希望，在今天……》为题目发表了该记者伯尼·列维与萨特的对话录，这是萨特的最后一次正式谈话，其中包含了萨特对过去的再总结，也同样寄托了他对未来的希望。

萨特与记者谈话后不到一个星期就病倒了。1980 年 3 月 20 日，萨特因肺气肿和尿毒症急剧恶化，住进了巴黎勃鲁塞医院。入院初期，病情似有好转，医生们采取措施降低血压。

入院 3 天，病情被控制住了。3 月 24 日，医生们根据第一次治疗的效果，特别是观察到萨特血管的正常状态，决定采取持续治疗。

3 月 27 日，萨特从医院急诊病房转入普通病房。但此后，萨特的病情逐渐恶化。

萨特似乎感觉到了大限已到，但他并不惊慌，平静地接受自己即将离开人世的事实。他认为反抗一个他无法改变的命运是一件没有意义的事情。他不时会谈到死亡，但从未露出恐惧之色。住院期间的萨特经常昏睡过去，但每当神志清楚时，他的安宁、紧张，对周围人的友谊和感激，对生活充满热情的爱，无不令旁人动容。

4 月 15 日晚 21 时，萨特终于没有再醒过来，享年 75 岁。

遵照萨特本人生前遗嘱，他的遗体于 4 月 23 日在巴黎拉雪兹神父公墓火化，骨灰移放在离他家不远的蒙巴纳斯公墓。

4 月 19 日为萨特遗体举行安葬仪式。

这一天，送葬的人从巴黎各个角落、从法国各省乃至从世界各地赶来，很快从 20000 多人增加至 60000 多人，灵车到达公墓时，公墓内外早已人山人海。人们在灵柩旁自发地手拉着手，筑起一道道人墙。灵车后，密密麻麻、看不到头的队伍井然有序而又群情激动。

蒙巴纳斯区出现了自 19 世纪伟大作家维克多·雨果逝世以来从

未有过的感人、盛大的送葬场面。与此同时，全世界的电台、报纸都在报道这一令人哀痛的消息与场景，各界知名人士表达了他们的悲痛心情。

法国总统德斯坦亲自向萨特的遗体告别，他说：

> 萨特之死就好像我们这个时代陨落了一颗明亮的智慧之星那样。

美国《华盛顿邮报》盛赞萨特"是他那一代知识分子的伟大榜样"，他的斗争"是明智的、坚韧的、勇敢的"。

而许多曾经受到萨特生前激烈无情的批评的资产阶级政治家和思想家、萨特的对手们都相继发表悼文，承认萨特伟大的哲学、文学贡献和历史功绩。

法国评论家阿罗·德尔贝斯说得最为动情和公正：

> 本世纪没有一个法国知识分子，没有任何一个诺贝尔奖金获得者——虽然萨特曾经拒绝加入这个行列——产生过像萨特那样如此深刻、久远和广大的影响。
>
> 萨特曾认为，人生的本质在于人有自由和责任去把过去的行为引向新的方向，因此，我们怎能想象他已经去世，像铜像那样失去了生命呢？
>
> 对于过去的三代人来说，他伛偻的身躯、老学究的态度、斜视的眼睛、刺耳的声音，与他的真理与错误一起，一直占据着历史的舞台，现在帷幕突然降落，我们又怎能忍得住眼泪？

附　录

　　我是在书堆中开始我的生活的，　就像毫无疑问地也要在书堆中结束我的生命一样。

—— 萨特

经典故事

哲学敌不过牙痛

1945 年，他的继父故世后，萨特在波拿巴路安顿下来。母亲安娜照顾他生活起居，保证他的舒适安静。他们组成一对又温柔又滑稽的母与子。对她来说，萨特不是天才，而是他的保罗。他们两人都很懂音乐，弹钢琴。

萨特住在母亲安娜家，但是在餐馆用餐，在咖啡馆写作与接待朋友，经常出门旅行，时间用在学生、讨论和工作方面。

萨特夜里写作，每到晚上，母亲安娜把一壶热茶放在他的办公桌边。还有一只取暖炉。

有一天早晨，母亲安娜发现萨特非常激动，在办公室里走来走去，一只手放在腮帮上。

于是，母亲安娜关切地问："你怎么了？萨特。"

萨特难受地回答："妈妈，我是个浑球，我 40 出头了，成了个浑球，这太可怕了。我一个夜里没有写出一行，你没有给我留茶。"

"你的茶跟平时一样在那边，你没有看到吗？"

"那是我浑球到家了，我没写东西，又看不见茶。"

萨特的手始终放在腮帮上，肿得有两个腮帮那么大。

母亲安娜大叫："你发炎了！看着我，看着……"

萨特抽回手，照镜子，细瞧自己的肿腮帮，终于承认是痛而不是未老先衰，使他无法工作。

母亲安娜立刻给牙医打电话，牙医立即给他诊疗。牙拔掉，脓包破裂，痛也减轻了，萨特这才发现了他直至那时还不知道的新人类：牙医。

萨特有一次对索尔贝太太说："他们非常有效，您知道。您应该让他们检查您的牙齿，索尔贝太太，这是个明智的预防，这些牙医都很有能耐。"

索尔贝太太说："先生，我就是这样做的。一年我去做两次检查。"

萨特惊呆了："真的吗？"

从此萨特对谁都说："牙医是很棒的人，您应该去找他们诊断。"

错穿了大衣

《现代》杂志社星期日会议并不总是谈哲学与文学，有时也谈些较为轻松的事，如波伏娃向大家说的一件大衣的故事。她和萨特从一家餐厅出来，漫步下坡走到圣日耳曼大道，一直在对话，这时她发觉萨特不停地举手臂。

"您在干吗，萨特？您为什么不停地举手臂？"

"我不知道，我的衣袖有点儿碍事。"

她检查了他的大衣。"萨特，您的大衣拖在地上，袖子也长了许多，您的手也伸不出来了！"

原来，是萨特在衣帽间里取错了大衣，两人走回头路去把它换了过来。

当砝码用的哲学巨著

1943 年萨特的哲学巨著《存在与虚无》在法国出版。该书思想新颖，哲理深奥，是一本不可多得的好书，但萨特的写作叙述十分晦涩艰深，读起来很费神。出版之初，销量不佳。

但一段时间后，销量突然猛增，供不应求。出版商感到十分惊奇，便到书店调查了解，发现了一个令人奇怪的现象，买这本书的人不是学者文人，而是家庭妇女。进一步了解才知道，原来此书畅销的秘密不在于书的内容，而在于书的重量。

当时，巴黎在德军的占领之下，由于连年的战争，德国物资奇缺，连老百姓家中秤上的砝码也被收罗去了。后来有人发现萨特的著作的重量正好是 1000 克，是一个标准的砝码。消息一传开，妇女们便纷纷跑到书店买这本书作为砝码用。

弃绝来自官方的荣誉

诺贝尔文学奖一直被批评以西方文本为主。而在西方，也有人拒绝诺贝尔文学奖，萨特就是其中一位。

1961 年，由于经济拮据的缘故，萨特执笔重写搁置多年的自传，并将其重新命名为《字句》。该书在 1963 年发表于《现代》一刊上，次年出版单行本。

萨特此作一经面世，引发评论界热议。同年，瑞典皇家文学院把 1964 年度诺贝尔文学奖授予萨特，授奖理由是：

他那思想丰富、充满自由气息和探求真理精神的作品已对我们时代产生了深远影响。

在丰厚奖金面前，经济拮据的萨特致信诺贝尔文学奖评委会，请对方取消这项决定，否则他会拒绝领取。但瑞典皇家文学院并没有因为获奖者本人的意愿而改变决定，最终仍把文学奖授予萨特。

10 月 22 日，萨特委托瑞典出版商的代表在斯德哥尔摩宣读自己的公开声明，声明中以保有知识分子的独立性为由，再度拒绝领取该奖。

他说：“我不接受一切官方给予的荣誉，当我创作我的作品时，我已经得到了足够的奖赏，诺贝尔奖并不能对它增加什么，相反的，它反而把我往下压，它对那些找寻被人承认的业余作家来讲也许是好的。”

萨特一向弃绝来自官方的荣誉，无论是战后法国当局授予他的荣誉勋位勋章，还是来自瑞典的诺贝尔文学奖。在他看来，一个知识分子在政治、社会和文学方面的地位，仅仅来自他个人的学养成就，而非这些世俗名声。

在面对读者时，这些荣誉会让一个作家的真正价值受到遮蔽。用他的话来说，签名落款为“萨特”，是一回事；签名落款为“诺贝尔奖获得者萨特”，却是另一回事。

年　谱

1905 年 6 月 21 日，生于巴黎 16 区米涅阿德街 2 号一个海军军官家庭。

1906～1911 年，父亲让·巴蒂斯特·萨特因患肠热病去世后，跟母亲随外祖父母居住在默东。

1911 年，随外祖父移居巴黎勒哥夫街。

1912 年至 1913 年，开始读福楼拜著作《包法利夫人》等，并开始练习写"小说"。

1913 年，就读于蒙台涅中学。

1915 年，入巴黎亨利四世中学。

1916 年至 1920 年，母亲改嫁海军工程师芒西后，随母亲及继父移居拉罗舍尔市。入该市中学。

1920 年，重返巴黎亨利四世中学。

1922 年，获中学业士毕业文凭。在路易大帝中学读大学预科，准备考巴黎高等师范学院。

1923 年，发表小说：《有病的天使》和《猫头鹰耶稣——一位外省教师》。

1924 年，考入巴黎高等师范学院，攻读哲学。

1928 年，在巴黎高等师范学院毕业，取得哲学博士学位。

1929 年，遇西蒙娜·德·波伏娃，从此结下终身之交。考试通过。

1931 年 2 月，服兵役期满，拒绝当士官生，复员任教于勒阿弗尔中学。6 月，出版《关于真理的传说》。年底，开始写《恶心》初稿。

1933 年 9 月，留学德国。

1934 年，在柏林完成《恶心》第二稿。写出《论自我的超验性》。9 月回到勒阿弗尔中学继续任教。

1936 年，出版《论想象》。10 月，在巴黎东北部的拉昂中学任教。

1937 年，在巴黎巴斯德中学任教。《论自我的超验性》正式出版。

1940 年 4 月，《墙》获民众小说奖。6 月 21 日，与马其诺防线的其他法国守军一起被俘。关押在德国特列夫战俘营。在圣诞节时，编导话剧《巴里奥纳——神之子》。

1943 年，年初参加法国全国作家协会，并为法共领导的地下文学刊物《法兰西文学报》撰稿。4 月，出版《苍蝇》。6 月 2 日，首次演出。夏初，出版《存在与虚无》。

1944 年，《密室》首次上演。8 月至 9 月，撰写巴黎解放的报道文章。9 月，建立《现代》杂志编委会。与海明威相见。年底，以《战斗报》记者身份访美。此后不再任教。

1946 年，《存在主义是一种人道主义》《死无葬身之地》《可敬的妓女》《关于犹太人问题》和《戏演完了》出版。

1947 年，发表《境况种种》第一卷和《戏剧》第一卷。2 月，《现代》开始连载《什么是文学?》。4 月，著文为亡友尼让申冤，驳斥法共诽谤尼让的言论。5 月底，参加论卡夫卡的讨论会。

1948 年，发表《肮脏的手》《境况种种》第二卷以及电影剧本《啮合》。年底，开始研究道德问题。

1951 年 6 月 7 日，《魔鬼与上帝》首次公演，《肮脏的手》拍成电影。

1953 年 7 月，到罗马改编大仲马原著《金恩》。10 月，为《亨利·马丁事件》一书写序。11 月，《金恩》首次上演。年末，拟出写自传的计划。

1954 年 5 月，为摄影集《从一个中国到另一个中国》写序。与雷诺工厂谈伏契克的《绞刑架下的报告》。参加柏林世界和平理事会特别会议。第一次访问苏联。

1955 年 9 月，访问中国。年底，著文盛赞新中国。

1957 年，在波兰杂志上发表《存在主义与马克思主义》。开始写《辩证理性批判》。多次抗议政府在阿尔及利亚的非正义战争和非人道镇压措施。

1960 年，《辩证理性批判》出版。2 月中旬，访问古巴，与卡斯特罗关系密切。5 月，赴南斯拉夫，受铁托元帅接见。8 月，在"一百二十一人宣言"上签名，支持在阿尔及利亚前线造反的法国士兵。

1963 年，发表《字句》。

1964 年，在意大利出版《哲学与政治》。出版《境况种种》第四、五、六卷。10 月 15 日，得知将获诺贝尔奖金的消息。16 日，致信诺贝尔奖金委员会，表示谢绝。

1966 年，在《现代》杂志发表论福楼拜的部分内容。7 月，接受罗素的邀请，同意成立国际战犯审判法庭，调查发动越南战争的战犯罪行。

1967 年 3 月，访问以色列。4 月 13 日，致函戴高乐总统请求允许国际战犯审判法庭在巴黎召开。5 月，该法庭在瑞典斯德哥尔摩开庭，任执行主席。11 月、12 月，在丹麦哥本哈根召开国际战犯审判法庭第二次审判大会。

1969 年 2 月，参加游行，反对开除巴黎大学 34 名学生。继续写论福楼拜的著作。11 月，与莫利亚克等要求释放在玻利维亚被捕的法国作家雷吉斯·德伯雷。12 月，在电视台接受记者采访，谈越南问题。

1970 年 4 月，任《人民事业报》主编，并任《我控诉》《一切》

《革命》等报刊的领导职务。年底，应邀访问越南。

1971 年 5 月，出版《家庭中的白痴》第一、二卷。在《我控诉》杂志上发表《论人民的正义性》。

1973 年，在《现代》杂志发表《选举——屁眼儿们的诡计》。同记者谈《在法国的毛派》。5 月，双目濒于失明，无法看书写字，但继续开展社会活动。《解放报》创刊。

1975 年 6 月 21 日，70 岁生日，《新观察家》发表《七十岁自画像》为题的访问记。

1976 年，出版《境况种种》第十卷。11 月，在以色列驻巴黎使馆接受耶路撒冷大学授予之荣誉博士。

1977 年，发表《权力与自由》、《论音乐的谈话》及《自由与权力并不是并列而行的》。12 月，在《世界报》发表《致以色列朋友》，号召以色列和巴勒斯坦对话。发行自导自演的影片《萨特自演》。

1980 年，《新观察家》连载萨特访问对话录：《希望，在今天……》。2 月 20 日，因肺水肿入巴黎勃鲁塞医院。4 月 15 日晚 21 时病逝于医院。享年 75 岁。4 月 19 日出殡，数万群众前来哀悼。火化后，骨灰入蒙巴纳斯公墓。

名　言

● 世界是荒谬的，人生是痛苦的。

● 自欺永远摇摆于真诚和犬儒主义之间。

● 生活中无所不有，人们绝不会放弃生活。

● 对于暴力，我只一件武器，那就是暴力。

● 他比我大两岁——他从这两年中已赚到不少好处。

● 如果试图改变一些东西，首先应该接受许多东西。

● 忠诚，即使是深深的忠诚，也从不会是洁白无瑕的。

● 报纸和太阳一样，它们共同的使命就是给人带来光明。

● 从他被投进这个世界的那一刻起，就要对自己的一切负责。

● 我自称是受百姓拥护的救星，其实私下里为了我自己得救。

● 内心贫乏和感到自己无用，促使我抓住英雄主义舍不得放下。

●把艺术作品看作超验的成果，以为每件作品的产生都有益于世人。

●人首先是个把自我向着一个未来推进而且知道自己正是这样做的生物。

●我是在书堆中开始我的生活的，就像毫无疑问地也要在书堆中结束我的生命一样。

●在我们之间存在着必要的爱情；但同时我们也认识到，需要偶然的爱情。

●而这一感情究竟能持续多久，不应受到感情以外的因素，诸如法律的干扰。

●创造者因其在创造，他确实得到这一喜悦，而这一喜悦是与观赏者的审美意识融为一体的……

●青春这玩意儿真是妙不可言，外部放射出红色的光辉，内部却什么也感觉不到。

图书在版编目（CIP）数据

萨特/邢建华编著. —北京：中国社会出版社,2013.3
（2022.6 重印）
（世界名人非常之路）
ISBN 978－7－5087－4359－2

Ⅰ.①萨… Ⅱ.①邢… Ⅲ.①萨特,J. P.（1905～1980）－
生平事迹 Ⅳ.①K835.655.1

中国版本图书馆 CIP 数据核字（2013）第 036301 号

出 版 人：浦善新		策划编辑：侯　钰	
责任编辑：侯　钰		封面设计：张　莉	

出版发行：中国社会出版社	地　　址：北京市西城区二龙路甲 33 号
邮政编码：100032	编 辑 部：（010）58124867
网　　址：shcbs.mca.gov.cn	发 行 部：（010）58124866
经　　销：各地新华书店	

印刷装订：北京华创印务有限公司	开　　本：170mm×240mm 1/16
印　　张：13	字　　数：200 千字
版　　次：2013 年 3 月第 1 版	印　　次：2022 年 6 月第 3 次印刷
定　　价：49.80 元